·语文阅读推荐

老子讲读

许 结／著

人民文学出版社

图书在版编目（CIP）数据

老子讲读/许结著. —北京：人民文学出版社，2018（2020.12重印）

（语文阅读推荐丛书）

ISBN 978-7-02-014258-3

Ⅰ.①老… Ⅱ.①许… Ⅲ.①道家②《老子》—青少年读物 Ⅳ.①B223.1—49

中国版本图书馆CIP数据核字（2020）第141239号

责任编辑　胡文骏
装帧设计　李思安　崔欣晔
责任印制　任　祎

出版发行　人民文学出版社
社　　址　北京市朝内大街166号
邮政编码　100705
网　　址　http://www.rw-cn.com

印　　刷　北京中科印刷有限公司
经　　销　全国新华书店等

字　　数　143千字
开　　本　650毫米×920毫米　1/16
印　　张　15.75　插页1
印　　数　25001—28000
版　　次　2018年8月北京第1版
印　　次　2020年12月第4次印刷

书　　号　978-7-02-014258-3
定　　价　22.00元

如有印装质量问题，请与本社图书销售中心调换。电话：010-65233595

目　次

导　读 …………………………………………………… *1*

道　经

一　章 …………………………………………………… *3*
二　章 …………………………………………………… *9*
三　章 …………………………………………………… *11*
四　章 …………………………………………………… *15*
五　章 …………………………………………………… *16*
六　章 …………………………………………………… *20*
七　章 …………………………………………………… *23*
八　章 …………………………………………………… *24*
九　章 …………………………………………………… *27*
十　章 …………………………………………………… *28*
十一章 …………………………………………………… *31*
十二章 …………………………………………………… *34*
十三章 …………………………………………………… *37*
十四章 …………………………………………………… *40*
十五章 …………………………………………………… *42*
十六章 …………………………………………………… *46*

十七章	48
十八章	52
十九章	56
二十章	59
二十一章	63
二十二章	67
二十三章	68
二十四章	70
二十五章	73
二十六章	77
二十七章	80
二十八章	84
二十九章	87
三十章	90
三十一章	92
三十二章	97
三十三章	100
三十四章	101
三十五章	104
三十六章	106
三十七章	107

德 经

三十八章	113
三十九章	117
四十章	122

四十一章	123
四十二章	127
四十三章	130
四十四章	132
四十五章	133
四十六章	135
四十七章	137
四十八章	139
四十九章	140
五 十 章	143
五十一章	145
五十二章	148
五十三章	150
五十四章	153
五十五章	156
五十六章	158
五十七章	161
五十八章	163
五十九章	166
六 十 章	167
六十一章	169
六十二章	172
六十三章	175
六十四章	177
六十五章	180
六十六章	183

六十七章	184
六十八章	187
六十九章	188
七　十　章	190
七十一章	194
七十二章	196
七十三章	197
七十四章	199
七十五章	201
七十六章	204
七十七章	205
七十八章	208
七十九章	212
八　十　章	213
八十一章	217

知识链接 …………………………………… 219

导　读

　　宋初诗人王禹偁在《日长简仲咸》诗中写道："子美集开诗世界,伯阳书见道根源。"所谓的"道根源",指的就是《老子》五千言对"玄之又玄""常无为而无不为"之"道"的探寻。对此,前人或重其自然性的超越,或重其社会性的权诈,解"道"说"德",滋蔓颇甚,以致钱锺书在其《管锥编》第二册《老子王弼注》中说:"道不可说,无能名,固须卷舌缄口,不著一字,顾又滋生横说竖说,千名万号,虽知其不能尽道而犹求亿或偶中,抑各有所当焉。"由于"道"不可说,给人们留下了一个"谜",而学术研究又必须要"说",所以又增添了诸多解"谜"的兴趣与探"秘"的言说。其实,老子以五千言之精妙,亘贯古今,囊括天人,包孕万象,至大至微,如何理解老子以极简括的语言表述出极博大之心胸,极丰富之内涵,关键在于对其文本的解读,而了解老子其人其书,又为其先决条件。

一

在先秦诸子中,《老子》是具有一定神秘性的,老子其人的存在与否以及相关的历史问题,是老学研究的一大问号。司马迁《史记·老子韩非列传》记载:"老子者,楚苦县厉乡曲仁里人也,姓李氏,名耳,字聃,周守藏室之史也。"这算历史学家提供的有关老子生平最早也是最权威的文献材料,也正是这则材料,生出后世三个问号:第一,老子或《老子》的作者是否即姓李名耳字聃其人?这一疑问来自《史记》本传的两个"或曰",即"或曰:老莱子亦楚人也,著书十五篇,言道家之用,与孔子同时云","自孔子死之后百二十九年,而史记周太史儋见秦献公……或曰:儋即老子"。这些疑问经后世道教神仙方术之士的神化,变得光怪陆离,已逸出史学范畴。其实,司马迁的"或曰"是一种考实与存疑之法。司马迁为老子作传时,正值汉武帝迷惑于神仙方术,老子也被神化成乘云气、御飞龙的"超人",据泷川资言《史记会注考证》,司马迁明确老子名氏、家世及称其"隐君子",正是在于"破众说之荒怪"。第二,老子出生何地?裴骃《史记集解》:"《地理志》曰苦县属陈国。"司马贞《史记索隐》:"按:《地理志》苦县属陈国者,误也。苦县本属陈,春秋时楚灭陈,而苦又属楚。"而东汉边韶《老子铭序》则认为老子"楚相县人"。几种说法虽有异,但老子与"楚"及南方文化的关系,在后世诸多学者的研究中也有所证明。第三,老子是否曾担任"周守藏室之史"?这虽然没有实证,但旁证材料还是有的。如《庄子·天道》载:"孔子西藏书于周室,子路谋曰:'由闻周之征藏史有老聃。'"又刘向《列仙传》有老子"为周柱下史","转为守藏史"的记述。这些文献虽然具寓言或传说的性质，但在秦汉时流行这样的说法，则是毋庸置疑的。

对老子的行事，《史记》本传引起争议最多的是"孔子问礼于老子"一节。这段文字是："孔子适周，将问礼于老子。老子曰：'子所言者，其人与骨皆已朽矣，独其言在耳。且君子得其时则驾，不得其时则蓬累而行。吾闻之，良贾深藏若虚，君子盛德，容貌若愚。去子之骄气与多欲，态色与淫志，是皆无益于子之身。吾所以告子，若是而已。'孔子去，谓弟子曰：'鸟，吾知其能飞；鱼，吾知其能游；兽，吾知其能走。走者可以为罔，游者可以为纶，飞者可以为矰，至于龙吾不能知，其乘风云而上天。吾今日见老子，其犹龙邪！"对这则记述，后世持认同态度的很多，其中一个原因是在《庄子·天运》《史记·孔子世家》和《礼记·曾子问》中有类似文字。《庄子》一书记录孔、老故事有八处，如《天运》记载孔子见老子后答弟子问："吾乃今于是乎见龙。龙合而成体，散而成章，乘乎云气而养乎阴阳。"这与《庄子·逍遥游》中那种"乘天地之正，而御六气之辩（变）"的至人相类，显然对司马迁的描述有很大影响。北宋范仲淹撰有《老子犹龙赋》，又是对这一历史传说的文学描写。而反对这种说法的更多，认为司马迁传承其父司马谈的黄老之学，故尊"老"而抑"孔"，班固在《汉书·司马迁传赞》批评其"是非颇缪于圣人，论大道则先黄老而后六经"，也是有鉴于此。近代学者梁启超则认为孔子见老子故事是司马迁在说"神话"（见《学术讲演集》），其坚决否定的态度，对当时疑古学派产生了一定影响。而怀疑论者还有一个依据，就是老子的谱系问题。据《史记》本传所说："老子之子名宗……宗子注,注子宫,宫玄孙假,假仕于汉孝文帝。"根据谱系的世代数,老子不可能与孔子同时,但这是对"玄孙"做实解得出的推论,可是在古籍中,"玄孙"又通常可作"远孙"解,因此也不能视为确证。

  孔、老相见故事是传说还是史实,并不重要,重要的是由此考证老子的时代,以此推述道家学术思想的地位。如钱穆在《先秦诸子系年》中不仅否认老子与孔子同时代的说法,而且考定老子在庄子之后,这在20世纪老学研究中具有很大的影响力。随着1993年郭店战国楚简《老子》的出现,《老子》成书于战国中期以前的证据,改变了《老子》成书于《庄子》之后的说法,但仍不能确定老子与孔子同时甚至更早。因此,有的学者推论老子早于孔子,认为道家是中国学术的主流(如陈鼓应《老学先于孔学》《论道家在中国哲学史上的主干地位》),也因没有历史的实证而归于义理的推测,受到商榷(如李存山《道家"主干地位"说献疑》)。同样,认为老子学说出现在孔子学说之后的主张,也多是通过义理的推测(如老子对礼的否定必在孔子尊礼之后),来确立其学术主张的(如李零的《人往低处走》)。既然没有历史的实证,过多地讨论孔、老的先后问题,没有实际的意义,而且会纠缠不清。况且,先秦诸子往往并不是一个人的学说,而是一个学派的学说,因此,对《老子》的研究,更多地应放在其书的版本、文本方面。

二

  历代学者对《老子》文本的争论,焦点在产生时代与版本问题。关于产生时代，汉人在整理旧籍时已有说明。如《史记》本传记载："老子乃著书上下篇，言道德之意五千余言。"又，刘向《列仙传》云："老子著书，作《道德经》上下二卷。"《汉书·扬雄传》引桓谭曰："昔老聃著虚无之言两篇……后世好之者尚以为过于《五经》。"这里说的无论是"道德""虚无"的思想内容，还是"五千言""上下二卷""两篇"的形式结构，均与传世本《老子》相合。这些说法，从1973年长沙马王堆汉墓出土的帛书《老子》甲、乙本，与前言郭店战国楚墓出土的《老子》残简，均得到证明。此外，在先秦典籍中，也可印证《老子》成书较早的理由。比如《庄子》一书引述《老子》事迹与文字最多，而其他文献，也多有与《老子》文本相关处。如《论语·宪问》："或曰：'以德报怨，何如？'子曰：'何以报德？以直报怨，以德报德。'"此与《老子》中"报怨以德"的言论相类。又如《荀子》也多引述老子语，其《天论》谓"老子有见于诎，无见于信"；《不苟》引老子"廉而不刿"等语句，皆与今本无异。《说苑》卷十载有叔向引《老子》文本例："韩平子问于叔向曰：'刚与柔孰坚？'对曰：'臣年八十矣，齿再堕而舌尚存。老聃有言曰：天下之至柔驰骋乎天下之至坚。又曰：人之生也柔弱，其死也刚强；万物草木之生也柔脆，其死也枯槁。'"同样，《战国策·魏策》记载魏惠王引《老》语，《齐策》记载颜斶引《老》语，皆与今本合。此外，《韩非子》引《老》，其《解老》篇引七十六处，《喻老》篇引三十三处，其他篇章引十二处，与今传世文本大体相同。这些都可以说明《老子》原始文本出现较早，且在先秦学术中已产生了一定的影响。

撇开《老子》文本产生的最早年代的争议，搁置对《老子》最佳文本的还原,从《老子》的版本与文本的变化,梳理"老学"的发展历程,应是目前解读《老子》最可行的方法。今人刘笑敢《老子古今·导论》专注于对《老子》"版本歧变""文本改善与趋同"的历时性的研究,是非常全面而卓有成效的。所谓"古本原貌"与"理想文本",只能是一种推测与想象,而阅读《老子》文本,应当了解其主要的版本。

　　首先是大量的传世注本。据元人张与材《道德经原旨序》说:"《道德》八十一章,注者三千余家。"这还不包括明清及近代的大量整理本。而在诸多传世本中,有五种本子较受重视:严遵《老子指归》本,为较早的西汉人整理的本子;河上公《道德经章句》本,后被道教徒所尊奉;张道陵《老子想尔注》本,是道教徒所编的本子;王弼《老子道德经注》本,为历代学者所尊奉;唐代傅奕《道德经古本》,具有较高的文献校勘价值。在五种本子中,又以王弼注本、河上公注本最流行,前者为历代官方定本,后者为民间流传本。

　　其次是出土文献的本子。按出土时间,前有1973年长沙马王堆三号汉墓的"帛书本"。该本分甲、乙两本,每本分上下篇,先"德经",后"道经",不分章,顺序与传世本基本相同,为汉代初年的抄本。后有1993年湖北荆门郭店战国中期墓出土的"简本",残简分甲、乙、丙三组,甲组分上下两部分,乙、丙两组不分。三组文字与传世本章、序均不同,篇幅约今本三分之一。这两种本子因时间早于传世本,且为近年来所发现,所以对校读《老子》有重要的参考价值。

　　再者是古抄本与石刻本。古抄本指传抄于中古时期的古本,有敦煌本、吐鲁番本与俄藏本多种;石刻本有从唐代到元代各地道观的十种《老子》石刻,亦具有很高的校勘价值。

除此之外,宋元以后大量的学者注本,对《老子》的文本校勘与思想研究,均有着极大的贡献。其中常被今人研究所关注、所引用的,宋元时代如王安石《老子注》、苏辙《老子解》、林希逸《老子口义》、范应元《老子道德经古本集注》、吴澄《道德真经注》;明清时代如薛蕙《老子集解》、释德清《老子道德经解》、焦竑《老子翼》、王念孙《老子杂志》、魏源《老子本义》、俞樾《老子平议》、高延第《老子证义》、刘师培《老子斠补》;近时学者如马叙伦《老子校诂》、奚侗《老子集解》、高亨《老子正诂》、蒋锡昌《老子校诂》、劳健《老子古本考》、严灵峰《老子章句新编》、朱谦之《老子校释》、任继愈《老子绎读》、高明《帛书老子校注》、陈鼓应《老子注译及评介》等。

在诸本中,帛书本、简本与传世本的确有文字与词义方面的差异,特别是简本出现了一些新内容,以致有人认为是与传世本不同的另一特殊的删节本(参见《中国哲学》第二十辑《郭店楚简研究》相关文章),但从总体思想来看,并没有颠覆传世本,仍属于传统的老学体系。而综观上列诸本的校注与研究成果,既是动态的老学研究史,也是老学在不同时代的重新建构。

三

从现存《老子》文献来看,老子的文化本体论是自然观,是由人生体悟自然以阐明"道""德"之根本的"人文自然"(参见刘笑敢《老子古今·导论二》)。我们研读一部经典,往往通过一些关键词的解读,来把握其核心思想。解读《老子》,自韩非

《解老》《喻老》以来,历代注老诸家对诸如"道""德""有""无""虚""静""水""慈""雌""妙""自然""谷神""玄牝""柔弱"等一系列关键词语的理解与分析,都成为探寻老子思想的焦点。比如陈鼓应在他的《老子哲学系统的形成》一文的"注五"有段分析"有""无"的解说:"《老子》第十一章所说的'有''无'("有之以为利,无之以为用")和第二章所说的'有''无'("有无相生"),是指现象界中的'有''无',是通常意义的'有''无',这和第一章'无名天地之始,有名万物之母'的'有''无',以及第四十章'天下万物生于有,有生于无'中的'有''无'不同,第一章和第四十章上的'有''无'是超现象界中的'有''无',这是'道'的别名。"而对《老子》中"道"与"德"的分析,更是注《老》诸家探讨的关键。这种分析又或繁或简,如高亨《老子正诂·通说》论"道"有十种质性,分别是"道为宇宙之母""道体虚无""道体为一""道体至大""道体长存而不变""道运循环而不息""道施不穷""道之体用是自然""道无为而无不为""道不可名不可说";论"德"二义:"道之本性"与"人之本性"。此取"繁"之义。取"简"之论亦多,如陈鼓应《老子注译及评介》分"道"为三类,即"道"的实存意义、规律性与生活准则。

"道"确实是《老子》五千言的核心问题。从文化史的发展来看,老子论"道"最重要的贡献是自然论。徐复观《中国人性论史》认为:"由宗教的坠落,而使天成为一自然的存在,这更与人智觉醒后的一般常识相符。在《诗经》《春秋》时代中,已露出了自然之天的端倪。老子思想最大贡献之一,在于对此自然性的天的生成、创造,提供了新的、有系统的解释。在这一解释之下,才把古代原始宗教的残渣,涤荡得一干二净,中国才出现了由合理思维所构成的形上学的宇宙论。"落实于老子"道"论及其内涵,其说是言之有据的。就自然论而言,老子首先对自然性的"天"的生成,提供了新的解释系统,使之成为我国古代最早的形上学的宇宙本体论。如《老子》第一章开宗明义,把不可名状的玄虚之"道"展开,并通过"有""无"之"徼""妙",于玄玄幻境中显现其对大自然本根探索的思绪。另一方面,他由此"道"的本根推衍出系统而完整的宇宙生成理论结构,这便是《老子》第四十二章所说的"道生一,一生二,二生三,三生万物。万物负阴而抱阳,冲气以为和"。而对《老子》中的"道"进行分析,又可归纳为三个层面:

第一个层面是"有物混成,先天地生",即由物的存在推求宇宙的本原。《老子》第二十五章:"有物混成,先天地生。寂兮寥兮,独立不改,周行而不殆,可以为天下母。吾不知其名,字之曰道,强为之名曰大。大曰逝,逝曰远,远曰反。故道大,天大,地大,王亦大。域中有四大,而王居其一焉。人法地,地法天,天法道,道法自然。"在老子看来,"道"不受时空限制,而又融入时空。"道"具有超越性,因为其不受物态生灭变化的影响;而又内在于万物,因为其能够生长、覆育、畜养万物。其间"人法地"以及于"道"的逻辑推衍,则表明了老学在说明宇宙本体与特性的同时,也阐明了以自然论为本的融通天人(以"人"体"天")的文化本位意识。

第二个层面是"有无相生",即以超现象的"无"为本,阐发"有无相生"的对立统一的认识。《老子》第二章:"有无相生,难易相成,长短相较,高下相倾,音声相和,前后相随。是以圣人处无为之事,行不言之教。万物作焉而不辞,生而不有,为而不恃,功成而弗居。"对老子"有无相生"的六对命题,刘鼐和《新解老》评曰:"有有斯有无,有难斯有易,有长斯有短,有高斯有下,有高声斯有低声,有前斯有后,皆比较而成耳;使从根本上取消,并一名亦不立,则他名亦遂无由而生。"这从哲学范畴论及矛盾统一律着眼,而忽视老子在六"相"后分别缀以"生""成"等动词与形容词,已使矛盾的双方以演变、变易、互变的形态生动地一体呈现,达到一种玄和的境界。所以对自然物的关注,老子重视"当其无"的功用;落实于人事方面,则是"无为而无不为"的超验功用。

第三个层面是"道常无为而无不为"的由自然观派生的政治理想。《老子》第三十七章:"道常无为而无不为。侯王若能守之,万物将自化。化而欲作,吾将镇之以无名之朴。无名之朴,夫亦将无欲。不欲以静,天下将自定。"又第四十八章:"为学日益,为道日损,损之又损,以至于无为,无为而无不为。"由于老子认为"道"的本性是自然,即"道法自然",所以人应当效仿道的自然无为;而自然运行有着极强的规则,人也必须遵循这样的自然大化的运行规则,才能达到"无为而无不为"的境界。

由此可知,老子论"道",在"法自然",即始终如一地遵循自然论的原则。而由"道"观"德",我们又不可忽视老子处衰周之世,为衰世之文,所以不仅表现出被扭曲的强烈的政治参与意识,而且内蕴着体现自我与拯救世道的人生精神。在某种意义上来讲,老子的"道论"就是"人论",从而奠定道家的自然人性论思想。

四

综观《老子》八十一章，其自然观就是人学的形上显现，而其人学精神，显然经历了由虚静之理想到愤世之批判再返归于真朴之境界的演进心迹。钱大昕《老子新解序》云："周之敝在文胜，文胜者当以质救之。不尚贤，不贵难得之货，不见可欲，清净自正，复归于朴，所以救衰周之敝也。""救衰周之敝"一语，可以直逼老子自然人性论的本质。

老子的自然人性论，也可以划分为三个层面。

一是理想的层面，就是他说的"归根曰静"，表现出对生命价值的肯定。老子提出了以恬淡寡欲、清净质朴，一任自然为主旨的养生之道。如书中第十六章："致虚极，守静笃，万物并作，吾以观其复。夫物芸芸，各复归其根。归根曰静，是谓复命，复命曰常，知常曰明。""虚""静"二字，是老子人生观中最切实而又最玄远的意象，是通过自然态的描摹表现出的旷达襟抱。就现实而言，老子主张"虚其心"在于戟指躁动不安的社会，是面对世衰道微之征，陵夷变动之象，百家争锋之际，独取"虚而不屈"的人生功用和"归根曰静"的自然理想，其中内涵强烈的现实针对性。就理想而言，老子提倡的"虚静"，是欲以"涤除玄鉴"的直观方法，以达"无我"之境，所谓"吾所以有大患者，为吾有身；及吾无身，吾有何患"（第十三章），其目的是让心境保持如大自然般原本空明的状态，不受外物的扰动，让生命回归其本源。同时，他的"虚静"的人生并非消极等待，而是以静制动，用积极的精神同化自然。因为保存生命，避免大患，应效法天地：

"天长地久。天地所以能长且久者,以其不自生,故能长生。是以圣人后其身而身先,外其身而身存。非以其无私邪?故能成其私。"(第七章)圣人"外其身",不特意关注生命,反而"身存",很好的保全与护养生命。"外其身""无私",是方法与手段,而"成其私"则是目的与效果。老子说:"天下莫柔弱于水,而攻坚强者莫之能胜,以其无以易之。弱之胜强,柔之胜刚。"(《老子》第七十八章)他说的贵柔弱是手段,而攻坚强才是所期望的效果。《吕氏春秋·不二》曾以一字论诸子,即"老聃贵柔,孔子贵仁,墨翟贵廉,关尹贵清,子列子贵虚,陈骈(即田骈)贵齐,阳生(即杨朱)贵己"等,其以一"柔"字明老学,内涵的就是"柔弱胜刚强"之义。因此,老子对待人生主张"虚静",是一种以静制动的策略,"虚静"的背后,隐藏着刚大自主的人格。

二是现实的层面,就是"圣人不仁",揭示了一种愤世的人生观。《老子》第七十七章:"天之道,损有余而补不足;人之道则不然,损不足以奉有余。"其中之"人之道",正是老子所处衰周之世的写照。其时诸侯争霸、弱肉强食,其祸酷烈,故老子愤斥"强梁者不得其死"(《老子》第四十二章),而提倡"小国寡民"的理想社会。其时各国统治者增加田赋,民不聊生,故老子痛斥"损不足以奉有余"的不合理现实,而提倡"天地相合,以降甘露,民莫之令而自均"(《老子》第三十二章)的自然美德。其时诸侯变更兵制,扩军备战,而生灵涂炭,故老子认为兵戈非吉祥之物,非君子之器,而予以拒斥。不过,通观《老子》一书,老子批判现实,并不拘泥于具体事件,而是提升于与社会现象抗争的"玄同"人生。在《老子》中,凡一切不符合自然之"道"的东西,都是他批判的对象。例如否定权威,所谓"人之所恶,唯孤寡不穀"（第四十二章），以揭露居高位者的欺世自尊。庄子说的"至仁无亲"（《庚桑楚》）、"大仁不仁"（《齐物论》），亦含有老子式的愤世隐情。又如否定智慧，所谓"大道废，有仁义。慧智出，有大伪"（第十八章），这也是源于愤世人生观的。考察老子的反智思想，一则出自对社会秩序毁坏，即"大道废"的忧患，一则出自对当时士人拾掇败坏之礼，抱残守缺的嘲讽。因此，老子倡导"愚人之心"，也就是"为学日益，为道日损"的道理。再如否定声色，所谓"五色令人目盲，五音令人耳聋，五味令人口爽，驰骋畋猎令人心发狂，难得之货令人行妨"（第十二章）。悦"目"之"五色"至于"盲"，悦"耳"之"五音"至于"聋"，悦"口"之"五味"至于"爽"（败），强"身"之"畋猎"至于"心发狂"，可供玩赏的"难得之货"至于"行妨"，是老子否定中包含的疑问。解此疑问，可由两端：其一，老子以去奢泰、存俭朴为思想主旨，故其论非咎五音、五色，而是对纵情声色以至陷入目盲耳聋境地和驰骋畋猎、贪冒货贿以至丧心病狂的揭露、批判。其二，老子赞扬阔大、平淡的"玄德"之美，这种美是通过虚静的人生参融而来，并显示出内在的"自我"意义。

　　三是归复的层面，就是"返璞归真"，表现出与现实抗争后对人生真谛的追求。如《老子》第二十章："众人熙熙，如享太牢，如春登台。我独泊兮其未兆，如婴儿之未孩。"又如第三十二章："道常无名。朴虽小，天下莫能臣也。……始制有名，名亦既有，夫亦将知止，知止可以不殆。譬道之在天下，犹川谷之于江海。"又如第五十五章："含德之厚，比于赤子。蜂虿虺蛇不螫，猛兽不据，攫鸟不搏。骨弱筋柔而握固，未知牝牡之合而朘作，精之至也。终日号而不嗄，和之至也。"其对"婴儿""赤子"

"朴"的礼赞,均是其"归真返璞"理想的映示。老子的人生哲学,并非仅仅出于学理上的探讨,他谈道说德的背后,是强烈的用世之心,对周王室衰败的深刻反思,这既是老子愤世人生观产生的原因,也是他真朴人生观的由来。如果说老子虚静人生观是以自然规范人生,并遭到现实社会的否定,从而激发起愤世人生,那么,真朴人生则是老子对现实的否定之否定。真朴人生的最高境界,老子称之为"玄同":"挫其锐,解其纷,和其光,同其尘,是谓玄同。"(《老子》第五十六章)如何才能达到真朴的人生?老子从修身之道与处世之道两方面入手,主张"见素抱朴""致虚守静":为人要"虚怀若谷""柔弱不争""与人为善",做到"功遂身退"。老子的一整套修炼之功表明,他提倡"自然",并非任其自然,并不排斥心灵的制约与人生修炼,而是针对现实浮躁的批判,是精神的复归。

在先秦诸子的人生哲学中,儒家以"善"为最高的伦理道德价值,墨家以"义"为最高社会人生价值,道家不同,以自然之"真"为人生之终极价值。《老子》中的"真",虽出于自然,却不等于自然,而是在自然与现实的矛盾中通过心灵的搏击和观照体悟自然,是人化的自然。

五

一部著作之所以能成为经典,一部经典的解读意义,不仅在于其学术性、思想性,而且还应该关注其"文之所以为文"的"文章"学价值。《易·乾·文言》载:"子曰:君子进德修业。忠信,所以进德也。修辞立其诚,所以居业也。"《论语·宪问》载:"子曰:为命(辞命),裨谌草创之,世叔讨论之,行人子羽修饰之,东里子产润色之。"说明经典的意义,往往是通过"圣人之情见乎辞"而体现的。《老子》作为一部经典,其对文章学的价值同样不可轻忽,这也是我们解读的重要范畴。

德国学者马丁·布伯在《道教》中论述《老子》时这样写道:"老子之言绝非我们称之为言语的那种东西,而是如同轻风掠过海面时,取之不尽的海水所发出的澎湃声。"这是就老子表达思想时的那种超越一般语言的艺术张力而论,可以说是老子艺术风格的一个方面。同时,我们还应该注意到古代文论家刘勰在《文心雕龙·情采》所说的:"老子疾伪,故称'美言不信',而五千精妙则非弃美矣。"这显然讲的是《老子》的语言修辞之美。而作为"美文"的《老子》,我们可以从多元的角度加以评论或赏析,倘若撮其精而言其要,则有以下几点是品读时宜为重视的。

一是"尚简"的语言品质。

我们阅读《老子》文本,最突出的感受就是他以最简括的语言表达极深邃之思想。一部《老子》仅五千言,却包络天地,统摄人生,每一章节均有对天地自然的解释,又有对社会人生的剖析,语言极为凝炼,有一语破的之功。也正因如此,出自《老子》的许多词语具有永恒的力量,而被后人反复使用。诸如"玄之又玄""功成不居""难得之货""和光同尘""天长地久""上善若水""金玉满堂""宠辱若惊""涣然若释""出生入死""根深蒂固""报怨以德""知雄守雌""知白守黑""知荣守辱""知止不殆""大器晚成""信言不美""千里之行,始于足下"等。其中有的一章仅数十言,竟有多条成语存活于后人的创作中。如《老子》第九章的"金玉满堂""功成身退",第十九章的"绝圣弃智"

"绝仁弃义""见素抱朴""少私寡欲",不仅耳熟能详,而且生机勃郁,具有极强的生命力。林纾《文微》论周秦文说"《老子》之文缩而括",十分精到。清人方濬颐撰《读老子》一文,以《老子》的尚简之法为医治文病的良药:"《道德》五千言,简之又简,炼之又炼。他人千百语所不能了,彼以一二语了之,若赞若倡,开后学无限法门。袭其辞,不师其意,可以医文家繁冗拖沓、沉闷滞晦之病,真所谓特健药也。"清代桐城派文家刘大櫆在《论文偶记》中倡导"文尚简",是发扬中国古代文学创作的一大优良传统,而"缩而括"的《老子》之文,惜墨如金,却言简意赅,正是"尚简"的典范,这也是我们读《老子》最应珍惜而发扬光大的地方。

二是"贵势"的修辞手法。

老子虽然倡导"阴柔",易给人以其文主"阴柔之媚"的假象,其实品读《老子》,一种壮势美始终充溢于笔墨之间。老子文章的贵势,一方面在于其"缩而括"的议论带来的强大的张力,而另一方面就是缘于他擅长使用的骋气壮势的修辞手法。其中最突出的是比喻、对偶、连琐、排比、重叠。《老子》中的比喻,擅长"博喻"与"虚喻"。如第十五章描写"善士"的形象"豫焉若冬涉川,犹兮若畏四邻,俨兮其若容,涣兮若冰之将释,敦兮其若朴,旷兮其若谷,混兮其若浊",即以虚喻扩其空间,以博喻骋其气势。《老子》中对偶句较多,如"天地不仁,以万物为刍狗;圣人不仁,以百姓为刍狗"(第五章)、"祸兮福之所倚,福兮祸之所伏"(第五十八章)、"轻诺必寡信,多易必多难"(第六十三章)、"兵强则不胜,木强则兵(折)"(第七十六章)等,或言自然,或论人事,均以对偶之法形成强烈的对比,给人以强力与震撼。而其对偶配以连琐,又是老子修辞艺术"贵势"的另一法宝。《老子》中的连琐句式很多,其中如"归根曰静,是谓复命,复命曰常,知常曰明"(第十六章)、"人法地,地法天,天法道,道法自然"(第二十五章)等,文势连贯而下,语意环环相扣,可谓纵横雄肆。而在诸子中,《老子》使用排比句式也最为频繁,其中很多章节全由排句构成。其排比方法也不拘一格,如"有无相生,难易相成,长短相较,高下相倾,音声相和,前后相随"(第二章),是正反对照的排比;"虚其心,实其腹,弱其志,强其骨"(第三章),则是上下对照的排比。而其他多物象、多事例的综合性排比,在《老子》中也是屡见不鲜,不胜枚举。重叠(复辞与叠字)也是《老子》中常见的一种修辞方法,而且运用得颇有特色。如"善者吾善之,不善者吾亦善之,德善","信者吾信之,不信者吾亦信之,德信"(第四十九章),以叠字而复意,明义尤深。再如第二十章的"众人熙熙""众人皆有余""俗人昭昭""俗人察察"与"我"之不同形象的复辞重叠,描写两种情怀,塑造两种人格,对比之中,更见其腾挪跌宕之势。《老子》文章"贵势"的修辞法还有一值得注意的现象,就是与他"无为"思想相应的否定词语的大量使用。诸如"不言""不恃""弗居""不有""不宰""无欲""无知""无身""不欲盈""不自生""不敢为""不自贤""不欲见贤""不责于人"等,皆以"反"见"正",使其文笔更为雄健而有力度。

三是"诗化"的散文风格。

关于《老子》五千言是否是"哲理诗",论者或有不同意见(详见许结、许永璋《老子诗学宇宙》,黄山书社1992年版),但认为《老子》散文有"诗化"特征,这大概是从文章学讨论《老子》的共识。考察《老子》的"诗化",固然有多重原因,或从文化的视野考察,如章沧授说的"百家争鸣的产物""乡土文学的熏陶"(参见《先秦诸子散文艺术论》,安徽大学出版社1996年版);或从与《诗经》用韵关系加以分析,如刘笑敢《老子古今》中分别有"《老子》与《诗经》、《楚辞》""《老子》与《诗经》:典型一例""《老子》是口头文学吗""《老子》与《诗经》:虚字脚""《老子》与诗经:顶真"诸条,均论及这一点。概括地说,《老子》的"诗化",除了其语言风格(如语言简练、句式整齐),更重要的在于"用韵"和"意趣"。有关《老子》的"用韵"严密,前贤有两种说法,一种是《老子》原本如此,如吴曾祺《涵芬楼文谈·切响第十三》说,《老子》"断非有意于用韵者也,而读其所作,谓非用韵而不可也。盖冲口而出,自为宫商"。另一种说法是传抄改造而成,如阮元《文言说》谓:"古人以简策传事者少,以口舌传事者多……故同为一言,转相告语,必有愆误,是必寡其词,协其音,以文其言,使人易于记诵。"如果就传世文本而言,《老子》与其他诸子相比,确实用韵缜密,最为特殊(参见《老子诗学宇宙》中"《老子》韵格一览表")。就"意趣"而言,《老子》书中常常以"形象"解"理义"(如善士、婴儿),以"抒情"加"夸饰"(如"愚人之心""赤子"),加上用意"含蓄"而"模糊"(如希、夷、微,恍惚之"道")、"疏简"而"跳跃"(如"有无相生""道生一……人之所恶"),常常"文词似若不接"(蒋锡昌《老子校诂》),这些都增加了《老子》的非逻辑化的"诗化"特征。

四是"玄远"的艺术趣味。

湛方生《诸人共讲老子诗》云:"涤除非玄风,垢心焉能歇。大矣五千鸣,特为道丧设。鉴之诚水镜,尘秽皆朗彻。"《老子》

虽然是说理之文,以议论见长,但因其对"道"的理解,对宇宙与人生形象的关注,以及用直觉的认知方式辨识事理,于自然天籁中感悟人生的妙趣,其中"玄远"之意,却给中国古代艺术思想带来了取之不尽的精妙趣味。所谓"柱下玄远"(王守谦《古今文评》),值得重视。从《老子》文本中的"玄远"义理来看其对中国艺术思想的影响,我想有三方面最值得关注:其一,《老子》对自然之大美、人格之纯美的礼赞,成为中国古代艺术关于自然美与本色美的源头之一,具有中国艺术文化的本体性质。其二,《老子》中关于超现象界"有""无"的探讨,呈示出的虚静心态、直觉方式与虚实之美,是对"道"的省察而达到的境界,这也成为中国古代艺术审美结构(虚实、形神)与审美意境(神化、高妙)的一种雏形,这或多或少地影响了古代艺术思想由结构的匀美而升达意境之神妙这一整体形态的形成。其三,《老子》思想中表现出两种不甚协调的心理情态:一是贵柔精神,一是拙大之美。而这两者的统合,恰恰喻指了古典艺术审美中一对常见的矛盾统一的鉴赏趣味。略述三点,仅为举隅之见,其中丰富的内涵与趣味,容当以历史的视野去品读《老子》,或许有更多的斩获。

六

最后还要强调两点:

第一点是道家学术有着比较复杂的文化渊源,《汉书·艺文志》列述"三派"计"三十七家",虽然后世学者多奉"老、庄"为一系,但两者之间的差异非常之大,所以我主张研读《老子》

不能先入为主地覆盖以道家的学说,而应从《老子》文本探寻其"自性",再观照其对道家思想建构的贡献。

  第二点是《老子》各种版本汗牛充栋,本书原文以王弼注本为底本,参照众家加以考订、注释。由于"帛书本"与"简本"的出现,重"帛""简"而轻"传世本"颇成风尚。我认为,出土文献如"帛""简"本,以时间较前的优势对《老子》的校勘具有重大的意义,但如果奉之为最好或最佳的本子,亦恐不妥,因为残简断帛,排序考订尚有争议,且此类多为传抄、删节本子,甚至是"俗本",童蒙课艺,改写讹误,亦不乏可能。相对而言,传世本(如王弼注本)经千百年之洗炼,素为历代治《老》学者尊奉,作为动态的老学历史成就,是不能轻易抹煞的。

许 结

道　经

一 章

道可道[1],非常道[2];名可名[3],非常名[4]。无名,天地之始;有名,万物之母[5]。故常无,欲以观其妙;常有,欲以观其徼[6]。此两者同出而异名[7],同谓之玄[8]。玄之又玄,众妙之门[9]。

注释

〔1〕道:道路,引申为哲学概念,指天道、地道、人道。老子所说之"道",主要有两重意思:一是物质世界的实体,一是万物变化发展的规律。可道:可以说出。

〔2〕常道:自然法则。本句与下句之"常",帛书甲、乙本皆作"恒",今本因避汉文帝讳,改为"常"。常、恒义同。

〔3〕名:名称。可名:可以称呼的。

〔4〕常名:永恒不变的称呼。《管子·心术上》:"物固有形,形固有名。……姑形以形,以形务名。……名者,圣人之所以纪万物也。"与老子所说义同。

〔5〕"无名"四句:有两种读法,一以"无名""有名"为读;一以"无""有"为读。考之《文子·道原》"有名产于无名,无名者,有名之母"、《史记·日者列传》

"此老子之所谓无名者,万物之始也"等说,多从前说。帛书本"天地"并作"万物"。始,开端。母,本原。按:"天地之始"《史记·日者列传》作"万物之始"。

〔6〕"故常无"四句:也有两种读法,一以"常无欲""常有欲"为读,一以"常无""常有"为读。后一种读法肇自宋人,多从之。常,于省吾《双剑誃老子新证》:"常,清俞樾读'尚',是也。"妙,奥妙,微妙。徼,据唐陆德明《经典释文》,作"边际"解,引申为终极;亦作"噭"或"曒"。

〔7〕两者:指有与无。出:萌芽,开端。如《韩非子·解老》:"始谓之出。"王安石《老子注》认为:"'两者',有无之道,而同出于道也。……世之学者,常以'无'为精,'有'为粗,不知二者皆出于道,故云'同谓之玄'。"

〔8〕玄:深黑色,扬雄《太玄·玄摛》解:"玄者,幽摛万类而不见形者也。"玄是超形象、超感觉并具深远而神秘意思的"物自体"。

〔9〕众妙:一切奥妙。门:门径,此指道,即第六章"玄牝之门,是谓天地根"之义。

问题分析

1.为何说"道可道,非常道"?

在中国学术史上,《老子》第一次以"道"为哲学概念进行专题探讨,并视为自然哲学与人文哲学的思想核心。阮籍《通老论》说:"道者,法自然而为化。侯王能守之,万物将自化。《易》谓之太极,《春秋》谓之元,《老子》谓之道。"此将"道"与"太极""元"等视,实质上兼含了老子所谓"道"的两重性,即物质世界的实体与支配物质世界的规律。

由于老子开篇即云"道可道,非常道",呈示的是一对矛盾的命题,所以诠解纷纭,莫衷一是。刘笑敢《老子古今》列举众说,归纳为四大类:一是客观实有类的解释,如冯友兰《中国哲学史》所说的"道即万物所以生之总原理";二是综合解说类,如方东美《生生之德》从"道体""道用""道相""道征"四方面解释;三是主观境界说,即牟宗三说的"境界形态的形上学";四是贯通类解释,如袁保新《老子哲学之诠释与重建》对老子将"存在原理"与"应然原理"同隶属于"道"的探讨。其实,依据中国学术的"尚简"原则,我想对老子的"道"可从其文本的字义、结构进行解读。"道可道",第一个"道"是名词,第二个"道"是动词,意思是"常道"可以说清,而"非常"之"道"则难以言传。中国学者无不重"道",而"道"之本义即源于中国古代的"大河·大陆"型的地理文化环境,人在通衢则谓"康庄大道",人入僻邪则谓"羊肠小道",《说文》解"道"是"道,所行道也,一达谓之道"。人行之"道"可见,然人何以行"道"上及行"道"上何以为,则不可目视,其中内涵的正是宇宙本体与内在规律的道理。

从思维方式与文章抒写来看老子论"道",是一种"对待"关系。本章以四对矛盾构篇:第一对:"道可道"与"非常道","道可道"的另一面是"道不可道";"非常道"的另一面是"常道"。由此派生出第二对"名可名"与"非常名"、第三对"无名,天地之始"与"有名,万物之母"、第四对"常无,欲以观其妙"与"常有,欲以观其徼"诸多矛盾。然而这些矛盾,是相互依存,逐次发展,即从道之本体分出"常道"与"非常道",进而分出"常名"与"非常名",又从"名"析出"无""有""始""母",进而再由"无""有"生发出"常无""常有",并以"常无"观道生万物之妙,彰显由无生有之妙用;"常有"观万物之徼,即万物之终,复归于无。由此对待关系看老子思想中的"存在原理"和"应然原理",其旨归是辩证统一,并不矛盾,关键在于阐发玄妙之道,以导返于切实的人生之常道。《论语·雍也》载儒门论道云:"谁能出不由户,何莫由斯道也。"行路出户,皆谓之道,即为常道。庄子所谓"道在屎溺",乃疾夫舍近求远,故弄玄虚,这些都和老子所言"复命曰常,知常曰明"是相通的。

2. 如何理解"妙"与"众妙之门"?

"妙"是老子思想中一个重要的命题,王弼注"妙",以为"微之极也"。老子所言"常无"以观其妙,本义就是探索微观世界的奥妙。然而论"妙",必与"玄"相关,扬雄《太玄·玄摛》云"玄者,幽摛万类而不见形者也",显然由老子的"常无"观而来。然而,老子论"玄",又是混"无""有"而为一,所以在探索微观世界奥妙的同时,也兼含有对宏观世界之极限的探寻,其中包含庄子所说的"至小无内""至大无外"的境界,所以叫做"玄之又玄,众妙之门"。而"众妙"之"门",又具有"生命"产生、循环乃至无穷的意味。金景芳在《也谈关于老子哲学的两个问题》文中,将"众妙之门"与《老子》五十二章所言"天下有始,以为天下母……既知其子,复守其母,没身不殆"结合起来,认为:"'玄'包括'妙'和'徼',亦即所谓'一小天地',相当于物类的个体。'玄之又玄'是母可以生子,子又可以为母,如是生生不已,每一个玄之中,都具有一个妙,无数个玄之中,即具有无数个妙。所以说'玄之又玄,众妙之门'。意思是说,万物就是这样产生和发展的。"其说甚为圆通,可为鉴证。

文化史扩展

道家　道教

　　道家是先秦时期形成的一个重要学派,在中国历史上,道家学派与儒家学派并列,占驻了学术发展史上的主流地位,并与东汉以后传入中土的佛学,构成儒、释、道三家思想。关于道家学术的文化渊源,班固《汉书·艺文志》的记载是:"道家者流,盖出于史官,历记成败存亡祸福古今之道,然后知秉要执本,清虚以自守,卑弱以自持,此君人南面之术也。……及放者为之,则欲绝去礼学,兼弃仁义,曰独任清虚可以为治。"并列"伊尹"等三十七家。又据《庄子·天下篇》,先秦道家有三派:宋钘、尹文派,田骈、慎到派,环渊、老聃派。由于在学术的变迁过程中,宋、尹派归入名家,田、慎派归于法家,关尹归于术家,所以早期的道家仅存老聃。从史家记述与现存文献来看,道家学术的形成及影响,后人又主要推崇三家,就是老子、庄子、列子。三家比较,传说战国时列御寇所撰《列子》一书,疑窦较多,如张心澂《伪书通考·子部·道家》的"列子"条有关引录,多作辨伪,而且《列子》语涉神仙家言,后又被人视为仙家,类方术之士。由此,道家学术思想也就主要存于老、庄两家,即《老子》(《道德经》)与《庄子》(道教徒称之为《南华经》)书中。

道教是中国的本土宗教,也是最早的具备宗教思想、宗教仪式、宗教神谱、宗教组织以及有专业神职人员传教的制度化宗教。追溯道教的渊源,可推到古老的母系氏族社会以女性崇拜为特征的原始信仰,综合了巫史文化、鬼神信仰、民俗传统及方技术数等。从道教的形成来看,则是萌生于周秦之际的黄老之术与神仙方术,完形于东汉顺帝、桓帝年间,繁盛于两晋,变革于唐宋金元,颓衰于明清时代。道教最早的典籍是产生于东汉时代的《太平经》,较早的道派有太平道与五斗米道。道教进入魏晋南北朝时代而昌盛,主要有由张鲁改造五斗米道而成的天师道,葛洪的《抱朴子》所代表的金丹派理论,寇谦之的北天师道,以及上清派(茅山派)、灵宝派等。唐宋时代,诸教派融合,多归于正一道,金元时期又是全真道盛极一时,明代以后,又归复于正一道。道教的学术思想的根基是老、庄为代表的先秦道家学说,其教义以"道"为核心,并将其神化,以达到"得道成仙"的目的。于是道教徒接受古老的巫觋法术,创立了一套修炼方法,近代学者梁启超将其分为四派,分别是"玄学正派""丹鼎派""符箓派"与"占验派"。作为宗教,道教建立了庞杂的神仙系统。其所尊奉之神除了"三清"(玉清、上清、太清)、"四御"(中央紫微北极大帝、南极长生大帝、勾陈上宫天皇大帝、后土皇地祇)等,陶弘景《真灵位业图》又将道教神谱列为七层次：一是"元始天尊"系，主神是"太元之先"之元神，左列"五灵七明混生高上道君"等，右列"紫虚高上元皇道君"等；二是"大道君"系，主神是"万道之主"，有"左圣紫晨太微天帝道君""右圣金阙帝晨后圣玄元道君"等；三是"太极金阙帝君"系，主神是"太平教主"，有"太极左真人中央黄老君""太极右真人西梁子文"以及尹喜、安期生、黄帝等；四是"太清太上老君"系，主神是"老子"，即"太清教主"，身边有玉女、六丁六甲等；五是"张奉"系，主神是"九宫尚书"，属凡人得道成仙者；六是"中茅君"系，主神是"定箓真君"，即道教茅山派祖师，身边是茅山派道士；七是"酆都北阴大帝"系，主神是"天下鬼神之宗"，为道教的死亡之神，身边神灵都是如晋文公、秦始皇、汉高祖、魏武帝等武功显赫的历史人物。至于神话传说中的"西王母""八仙"以及城隍土地之神，也无不被纳入了道教诸神体系。

二 章

天下皆知美之为美[1],斯恶已[2];皆知善之为善[3],斯不善已。故有无相生[4],难易相成,长短相较[5],高下相倾[6],音声相和[7],前后相随[8]。是以圣人处无为之事[9],行不言之教[10]。万物作焉而不辞[11],生而不有[12],为而不恃[13],功成而弗居[14]。夫唯弗居,是以不去[15]。

注释

〔1〕美:好,指好看的"物"。

〔2〕斯:此也。恶:坏,不善。已:通"矣"。

〔3〕善:指好的事情。高亨《老子注译》谓:"美恶以物言,善不善以事言。"

〔4〕"故有无"句:傅奕本、帛书本在"有无"与"相生"间多一"之"字,后四句亦然。

〔5〕较:诸本多作"形"。帛书本作"刑",简本作"形"。按:文以"形""生""成""倾"(盈)为韵,较妥。

〔6〕相倾:相向,相对。倾,帛书本、简本均作"盈"。

〔7〕音声:《礼记·乐记》:"凡音者,生人心者也。情动于中,故形于声,声成文谓之音。"声是发出的声响,音是声响的组织、节奏。和:谐和。

〔8〕前:一作"先"。蒋锡昌《老子校诂》:"《老子》本书'先''后'连言,不应于此独异。如七章'是以圣人后其身而身先'、六十六章'欲先民必以身后之'、六十七章'舍后且先':皆其证也。"按:帛书本此句后有"恒也"两字。

〔9〕圣人:老子心中的理想君主,也是道的承担者。处:帛书本、简本作"居"。无为:顺应自然,不妄为。事:政事。

〔10〕不言:同"善言"。《老子》第二十七章王弼注"善言":"顺物之性,不别不析。"叶梦得《老子解》认为:"号令教戒,无非'言'也。"教:教化。

〔11〕作:起,动。辞:有管理、干涉的意思。

〔12〕不有:不据为己有。有,占有。

〔13〕不恃:不矜恃得力于自己。恃,依仗。

〔14〕弗居:于事不居其功位。居,处于,位于。

〔15〕不去:不会失去。帛书本、简本均作"弗去"。

问题分析

"相生"及相关的两种阐释,其与"道"的关系如何?

本章继前章论"道"而作进一步推阐,"有无相生"六排句列举六对矛盾统一的观念,并分别缀以"生""成""较""倾""和""随"等动词与形容词,把矛盾双方的演变、变易、互变的形态,生动地呈现。然论其意义,则有两种阐释。刘鼐和《新解老》评曰:"有有斯有无,有难斯有易,有长斯有短,有高斯有下,有高声斯有低声,有前斯有后,皆比较而成耳;使从根本上取消,并一名亦不立,则他名亦遂无由而生。"此就自然哲学而论。欧阳修《老氏说》则谓:"前后之相随,长短之相形,推而广之,万物之理皆然也。"又于《崇文总目叙释·道家类》云:"道家者流,本清虚,去健羡,泊然自守,故曰我无为而民自化,我好静而民自正,虽圣人南面之术,不可易也。"又将自然之"道"引入政治学领域。而"自然"与"政治",正是研究老子论"道"的两面性。

三　章

不尚贤[1],使民不争[2];不贵难得之货[3],使民不为盗[4];不见可欲[5],使民心不乱[6]。是以圣人之治,虚其心[7],实其腹[8],弱其志[9],强其骨[10]。常使民无知无欲[11],使夫智者不敢为也[12]。为无为[13],则无不治[14]。

注释

〔1〕尚贤:帛书本作"上贤",义同。贤,据《墨子·尚贤上》"贤良之士",王弼注:"贤犹能也。"尚贤,即好名。按:贤字一本作"宝",据《说文》"贤,多财也,从贝",所以有尚贤即"爱财"之解,与下文"难得之货"相近,可备一说。

〔2〕不争:据上可作两解,即不争功名或不争财物。河上公《老子道德经章句》取不争功名,返自然之义。

〔3〕"不贵"句:河上公注:"言人君不御珍宝,黄金弃于山,珠玉捐于渊也。"贵,重。

〔4〕盗:偷窃。

〔5〕见(xiàn):显示。可欲:指可以引起人欲望的东西。

〔6〕"使民"句:多本无"民"字,帛书本无"心"字。不乱,不被扰乱。

〔7〕虚心:保持心境的清净纯一。虚,当取《庄子·人间世》"唯道集虚,虚

者,心斋也"的意思。

〔8〕实:充实。腹:肚。此以填饱肚子喻内在饱满义。

〔9〕弱:削减。志:主观的欲念。

〔10〕强:强化。严复《老子道德经评点》评此四句:"虚其心所以受道,实其腹所以为我,弱其志所以从理而无所攫,强其骨所以自立而干事。"

〔11〕无知无欲:无欺诈的心术与欲望。王弼注:"守其真也。"

〔12〕智:亦作"知"。不敢为:智巧之人无所造事。

〔13〕为无为:指顺应自然,不加造作。帛书乙本无此三字。

〔14〕治:治理。此明无为而大治的道理。

问题分析

老子"安民"之道的实质是什么?

魏源《老子本义》注此章云:"首二章统言宗旨,此遂以太古之治,矫末世之弊。"河上公本此章题名"安民",乃魏氏所本,实为老子本义。老子论"道","安民"二字为其思想结穴,所以他提出"不尚贤","不贵难得之货","不见可欲",以否定的语言矫世正俗,剔除浮华,以倡导上古之淳风厚德。

老子认为,否定"尚贤",始能否定"争";否定"贵货",始能否定"盗";否定"见欲",始能否定"乱",无争,无盗,无乱,始能矫衰世的残暴,末世的混乱。而在此多重否定的基础上,老子以救世为怀,提出"圣人之治"的纲领,就是"虚其心,实其腹,弱其志,强其骨",目的在"使民无知无欲"。所谓"虚其心",《庄子·人间世》"虚室生白"司马彪解:"室,比喻心,心能空虚,则纯白独生也。"心能达到空虚纯白之境,则可尚、可贵、可欲之事虽纷乘于外而不能入。所谓"实其腹",亦如《庄子·马蹄》所载:"夫赫胥氏之时,民居不知所为,行不知所之,含哺而熙,鼓腹而游。"心既虚白,腹又充实,杂念无由萌生,民风自能归淳向治。所谓"弱其志",即老子反复强调的"天下莫柔弱于水"(第七十八章)、"上善若水。水善利万物而不争"(第八章),即其志如水之弱,如水之善利万物而无争竞之念。所谓"强其骨",即兼有"自胜者强"(第三十三章)、"守柔曰强"(第五十二章)的意思,王弼注谓"骨无知以干",骨虽无知,可以支撑躯体,使志常守柔,而心常自胜。张尔岐《老子说略》认为:"心腹志骨四者,皆借喻也。圣人之治,于华艳之事则务空之,于质朴之业则务充之,于争竞之端则务塞之,于自玄之实则务崇之,使民无知而不生分别之见,无欲而不起贪得之心。"其于老子"安民"之道,能层层剥落,见其真谛。

文化史扩展

墨学与尚贤

尚贤,观其词义,就是尊崇贤人的意思,如《周易·大畜》"刚上而尚贤"。可是作为一种学术思想,尚贤则有着丰富的文化内涵,如政治论与人才观。在先秦学术中,明确提出"尚贤"的是墨子与墨子学派,其落实于人才观,则异于儒家"先亲亲而后尊贤"的宗法伦理思想,而是强调在平等的基础上的尊贤理想。传世本《墨子》是墨子学派对战国思想家墨子言行的记录,也包括墨家后起学者的思想观点。《墨子》原书有71篇,流传至今53篇,另有8篇存目。其中《尚贤》一章,是墨论部分的第一篇,表达了墨学在"天志"与"兼爱"的基础上对人才选用上的"尚贤"理想。他认为人们应该尊天帝,敬鬼神,一言一行都必须"取法于天",做到"不义不富,不义不贵,不义不亲,不义不近"的尊贤原则,其对摧毁旧有宗法制度与倡导平等意识,有着一定的历史意义。

作为尚贤的政治理想,还体现于对传说中上古时代"唐虞让国"(即禅让)的态度方面。考察唐(尧)虞(舜)让国,综合旧说有五种:一是《尚书·尧典》《墨子·尚贤》所载,认为尧以舜贤而让之,此尧主动让贤,此为墨家学派"尚贤"观的表现,其后《吕氏春秋》中《去私》《行论》的一些观点,取法于此。二是《论语·尧曰》《孟子·万章上》《荀子·成相》所载,以为尧、舜让国在于"天下诸侯朝觐者,不之尧之子而之舜""天下之民从之者",已含有"贵族"的民主意识,为典型的儒家观念。三是《庄子·让王》载尧广让天下给许由、子州支父,舜广让天下给子州支伯、善卷等,而诸人皆厌弃其位而逃避,此道家学派轻禄贱位的超越思想。四是《韩非子·五蠹》所言古天子让国"是去监门之养,而离臣虏之劳",也就是说上古王者因太勤苦而乐意相让,这是法家的观点。此外,尚有一种是否认"禅让"史实,视为篡弑,如刘知几《史通·疑古》引《汲冢书》"舜放尧于平阳,益为启所诛"的说法,可称疑古学派的思想。综合前四种说法,亦可见墨学的尚贤观及与其他学派的不同。

四　章

道冲[1],而用之或不盈[2]。渊兮[3],似万物之宗[4]。挫其锐,解其纷,和其光,同其尘[5]。湛兮[6],似或存[7]。吾不知谁之子,象帝之先[8]。

注释

〔1〕道冲:傅奕本作"道盅"。俞樾《老子平议》引《说文》皿部"盅,虚器也。《老子》曰:'道盅而用之'",训"盅"为"虚",与下文"盈"字相对。

〔2〕或不盈:一作"久不盈"。不盈,不满。

〔3〕渊:深。兮:古读"呵",帛书本"兮"字均作"呵"。

〔4〕宗:祖,祖先。

〔5〕"挫其"四句:同见第五十六章,置此前后文不属,所以近现代学者谭献、马叙伦、高亨、陈柱均以为衍文。

〔6〕湛:《说文》:"湛,没也。"《小尔雅·广诂》:"没,无也。"此指无形无象的道。

〔7〕似或存:道就形象言,是看不见的,若论其"生万物"之功用,又宜存在。

〔8〕象:"像"的本字,似。帝:天帝,上帝。王安石《老子注》:"'象'者,有形之始也;'帝'者,生物之祖也。故《系辞》曰:'见乃谓之象。''帝出乎震。'其道乃在天地之先。"其说可参。

五 章

天地不仁[1],以万物为刍狗[2];圣人不仁,以百姓为刍狗[3]。天地之间,其犹橐籥乎[4]?虚而不屈[5],动而愈出。多言数穷[6],不如守中[7]。

注释

〔1〕不仁:指无私心偏爱。仁,亲爱。《孟子·尽心上》:"亲亲,仁也。"《说文》:"仁,亲也。"又《荀子·大略》:"仁,爱也。"

〔2〕刍(chú)狗:古代祭祀时用草扎成的狗。按:刍狗虽不为人所爱,祭祀后即被抛弃,但祭祀时却受到极度的重视。

〔3〕百姓:代指人类,或人们,同第十七章"功成事遂,百姓皆谓我自然"义。按:周代百姓指百官,泛指老百姓是汉代以后的事,所以老子是以贵族之"百官"代指人类。

〔4〕橐籥(tuóyuè):古代冶铸所用的嘘风炽火的器械,即今之风箱。

〔5〕不屈:不尽,不竭。屈,读为"掘",竭。

〔6〕多言:一作"多闻"。高明《帛书老子校注》依帛书本"多闻",认为今本误。多闻,谓博赡。数(shuò):屡次,多次。"多闻数穷"承"虚而不屈",以明学多识多困穷之义。蒋锡昌《老子校诂》认为:"'多言'为'不言'之反,亦为'无

为'之反,故'多言'即有为也。"可备一说。

〔7〕守中:保持内心的虚静平和。中,《淮南子·原道训》高诱注:"中,心也。"

问题分析

"中"是中国古代学术思想的重要概念,老子"守中"思想的实质是什么?

"中"是我国古代学术思想极为重要的概念,其源渊可追溯于上古巫史文化。据前贤考论,"中"乃"史"之本义,清人江永《周礼疑义举要》对《说文》"史,记事者也,从又持中"作进一步阐发云:"凡官府簿书谓之中,故诸官言治中受中,小司寇断庶民讼狱之中,皆谓簿书,犹今之案卷也。此中字之本义,故掌文书者谓之史。其字从又从中,又者右手,以手持簿书也。"王国维《观堂集林》卷六《释史》辨证江永之说,对"史"之谓"中"又作出更为精密的考证。由于"中"字由巫史所掌之器引申为史官"持中"之义,所以身为周藏室史的老子,倡"持中""守中"之义,也是合理的。只是"中"作为一种学术观念,在学术史的发展过程中,似乎成为儒家奉守之准则,这从《尚书·大禹谟》"惟精惟一,允执厥中"到程子对《中庸》之"中"的解释谓"不偏之谓中……中者,天下之正道"(朱熹《四书集注·中庸章句》),可得证明。这也引起人们的怀疑,就是"守中"是儒家之言,非老氏本旨。而这里的"守中"之"中",据严灵峰考证,当依龙本"中"字作"忠","忠"疑"盅"字之讹。"冲"又是"盅"的假字,因"冲"之阙坏而误为"中"。所以他依据《老子》第四章"道冲,而用之或不盈",第四十二章"冲气以为和",第四十五章"大盈若冲"诸说,以为"中"当为"冲",是"于义较长"。其实,无须如此穿凿,"中"作本义解亦可辨别孔老论"中"的异同。唐强思齐《道德真经玄德纂疏》引严遵《老子指归》:"天地不言,以其虚无,得物之中,生物不穷。"范应元解释作"中虚之道",均符合老子的自然观。张松如《老子校读》认为:"或曰,中,心也。《史记·韩长孺列传》:'深中宽厚。'保持内心的虚静,正是对'多闻'(或'多言')而言,此义似更简捷。"老子倡导的是"行不言之教",畏惧"多言数穷",其"不如守中",即"致虚极,守静笃"(第十六章)之意,庄子所言"枢始得其环中,以应无穷"(《齐物论》),可与老子"守中"说相应契。

文化史扩展

刍狗:祭祀与祭品

《老子》文中的"刍狗",是古代祭祀时用草扎成的狗,作祭祀的供奉品之用。在先秦诸子的思想中,老子与墨子倡导"尚俭",所以往往对循礼设祭所用的祭品持轻贱的态度,而孔子等儒家学者则由重祭礼而兼及重祭品。古天子设祭,主要体现在两方面:一是"郊祭",即祭天之礼,一是"庙祭",即祭祖之礼。周朝的庙祭制度,分别是"天子七庙"(考庙、王考庙、皇考庙、显考庙、太祖庙以及文世室、武世室)、"诸侯五庙"、"大夫三庙"、"士一庙",而"庶人无庙"。在祭祀过程中,"乐"(音乐)与"饵"(食品)是不可缺少的。比较而言,殷商时代更重音乐,所谓"殷人尚声",以声音取娱于神灵;而周人更重食物,所谓"周人尚臭"(《礼记·郊特牲》),臭即香味,故以食物祭品取娱于神灵。据《礼记·王制》记载:周朝祭祀有"四时祭",即"春禴"、"夏禘"、"秋尝"、"冬烝"(《周礼》作"春祠"、"夏禴")。《白虎通·宗庙》据《周礼》的说法加以解释说:"宗庙所以岁四祭何?春曰祠者,物微,故祠名之。夏曰禴者,麦熟进之。秋曰尝者,新谷熟尝之。冬曰烝者,烝之为言众也,冬之物成者众。"张衡《东京赋》:"春秋改节,四时迭代,蒸蒸之心,感物增思。"《文选》薛综注解曰:"四时之物,即春韭卵,夏麦鱼,秋黍豚,冬稻雁。"都说明了祭品在祭祀活动中的重要性。这种宗庙祭祀传统一直被后世承袭,建国立庙,国亡庙毁,成为国家政治兴衰的象征。

六　章

谷神不死[1]，是谓玄牝[2]，玄牝之门，是谓天地根[3]。绵绵若存[4]，用之不勤[5]。

注释

〔1〕谷：山谷，取虚义，代指道体。神：玄妙莫测，取灵义，代指道用。不死：指不生不灭。司马光《道德真经论》："中虚故曰谷，不测故曰神，天地有穷而道无穷，故曰不死。"河上公注："谷，养也，人能养神则不死。"可备一说。

〔2〕玄牝（pìn）：微妙难知的母体生殖器官，代指万物发生的本体。牝，一切动物的雌性生殖器官。

〔3〕"玄牝"二句：玄牝虚空，属无；门，门户，属有。根，根源。

〔4〕绵绵：微而不绝的样子。若存：存在却看不见，形容道的连续性和无限性。

〔5〕勤：尽。《淮南子·原道训》"纤微而不可勤"，高诱注："勤，尽也。"

问题分析

试述有关"谷神"的解说。

本章开篇以"谷神",立全章的结穴,因为"谷神不死,是谓玄牝",而"玄牝之门"又与首章"众妙之门"遥接,均为老子论"道"之根源处。关于"谷神"的解释,主要有两种:一是如司马光所说:"中虚故曰谷,不测故曰神,天地有穷而道无穷,故曰不死。"魏源《老子本义》进而从体用说解:"谷神喻其德,玄牝喻其功也。谷之于响,惟其无所不受,是以无时不至,是其神之存于中而长不死者也。"此合释"谷神"与"玄牝",以"谷神"为道之体,以"玄牝"为道之用。究其根本,皆以"谷神"喻"道",是对老子哲学自然与人生观的阐发。另一种解释则发挥河上公注"谷,养也,人能养神则不死",用道教的方术加以解释。如蒋锡昌《老子校诂》认为:"此谷字与他处不同,乃用以象征吾人之腹,即道家所谓丹田,以腹亦空虚深藏如谷也。神者,腹中元神,或元气也。玄者,幽远微妙之意。牝,母也,为生物之本。玄牝者,即微妙之生长,以谷神生之而不见其所以生也。'谷神不死,是谓玄牝',言有道之人善引腹中元气,便能长生康健,此可谓之微妙之生长也。此章言胎息导引之法,诸家多不明此旨,故于'谷'字曲为异解而不知其非也。"前说偏重于道家之义理,后说偏重于道教的方术,然均视"谷神"为生命的源泉,则有其一致之处。老子继而所言"天地根""绵绵若存,用之不勤",形象展示的正是"道"的生命与永恒。

文化史扩展

玄牝　大母神

关于"玄牝"的解释,注家说法很多,然"牝"为"母性",意见则是统一的。苏辙《老子解》同时释"谷神"与"玄牝"说:"谓之'谷神',言其德也。谓之'玄牝',言其功也。牝生万物,而谓之玄焉,言见其生而不见其所以生也。"也就是说,幽深不可测的"玄"与具有生殖能力的"牝"的结合,正是老子"道"的形象表述。于是"牝门"作为女性生殖器官也就成为了具有巨大生殖伟力的"玄牝之门",即生命源泉且永恒不绝的"天地根"。由于老子所用的"水""谷""门""柔""雌"均与玄牝同具母性特征,人们又多揣测这是源自原始女性氏族社会的"女神"崇拜。萧兵、叶舒宪的《老子的文化解读》就从性与神话的视角,推测"玄牝"就是"大母神"原型。作者引述德国学者艾里希·纽曼(Erich Neumann)《大母神:一个原形的分析》的观点,即"大母神"(或作"大女神""原母神")是父系社会出现以前人类所崇奉的最大神灵,并以此解读老子的"玄牝""玄德"等词语或意象。王孝廉《中国的神话世界》也引罗塞尔(E·Rouselle)之说,指认《老子》的"谷神""玄牝"是"原初的母神",是受古老的"荆楚思想"派衍,"以农耕文化中母神信仰为胚胎而形成的"。对老子与荆楚文化的同源关联,近代学者刘师培、蔡元培都有较为详细的论证,而由此思路再看楚人宋玉赋中"巫山神女"的形象及其爱情的言说,视老子"玄牝"为"母神"文化,是值得重视的。

七　章

天长地久[1]。天地所以能长且久者,以其不自生[2],故能长生[3]。是以圣人后其身而身先,外其身而身存[4]。非以其无私邪[5]?故能成其私[6]。

注释

〔1〕天长地久:一作"天地长久"。朱谦之《老子校释》认为"天长地久"是"古有此语,此引而释之",其说可信。

〔2〕不自生:唐成玄英《道德经开题序诀义疏》:"不自营己之生也。"即不为私利而自求生存。

〔3〕长生:长久生存,含永恒义。长生,一作"长久"。

〔4〕"是以"二句:身,自身,自我。后其身、外其身,皆无为于身之义。后其身,则不争先;外其身,则不占有。

〔5〕非:帛书本作"不"。私:自我。

〔6〕成其私:成就自我。

八　章

上善若水[1]。水善利万物而不争[2],处众人之所恶[3],故几于道[4]。居善地[5],心善渊[6],与善仁[7],言善信[8],正善治[9],事善能[10],动善时[11]。夫唯不争,故无尤[12]。

注释

〔1〕上善:极高的德行,此指有此德行的人。若:亦作"似""如",与"若"同义。水:水性。河上公注:"上善之人,如水之性。"

〔2〕善:擅长。此句指水普润万物而不争高洁之地的品性。

〔3〕处:帛书本作"居"。恶:厌恶,看不起。水流卑下,故为人所恶。

〔4〕几:接近。王弼注:"道无水有,故曰几也。"此赞水与道皆善利万物而不争的品格。

〔5〕地:低卑。《荀子·儒效》:"至下谓之地。"

〔6〕渊:深静。《广雅·释诂》:"渊,深也。"

〔7〕与:施予。一说,交往。仁:一作"人",意通。此指《庄子·庚桑楚》"至仁无亲"的至仁。

〔8〕信:真实,至诚。河水汛期,谓信水。此指为人不能"轻诺寡信",而要像水一样不言而信。

〔9〕正:同"政",行政。《论语·颜渊》引孔子说:"政者,正也。子帅以正,孰敢不正。"老子说:"我好静而民自正。"正善治,意同无为而治。

〔10〕善能:不逞能而能。

〔11〕动:流动,指人的活动。时:适宜。《庄子·天下篇》谓老子"其动若水"。

〔12〕尤:过失。

问题分析

为什么说"上善若水"?

"善"是中国古代学者奉行的道德准则,与"真""美"并称,而为真善美之德。然而,真、善、美之提出,又含对待之意义,也就是说有真、善、美,必有假、恶、丑,所以古人又在真善美之上推崇一种超越这种对待关系的道德境界,这在儒家被称为"至善"(《礼记·大学》:"止于至善。"),在老子即为"上善"。在本章中,老子的"上善",标明善的至高准则;"若水",以水喻指上善之形态;"若"字极含蓄,"上善"无形,"水"则有形,"若"媒介于有无之间,使人于有中见无,而得到庶乎近之的形象:以水利物不争之品性,喻示上善之典范。苏辙《老子解》云:"道无所不在,水无所不利,避高趋下,未尝有所逆,善地也;空处湛明,深不可测,善渊也;挹而不竭,施不求报,善仁也;圜必旋,方必折,塞必止,决必疏,善信也;洗涤群秽,平准高下,善治也;以载则浮,以鉴则清,以攻则坚强莫能敌,善能也;不舍昼夜,盈科后进,善时也。"此以七"善"解读其义,颇为周备。李贽《老子解》则就"水"性而论:"众人处上,彼(水)独处下;众人处易,彼独处险;众人处洁,彼独处秽,所处尽众人之所恶,夫谁与之争乎?此所以为上善也。"亦解得简明扼要。不过值得注意的是,老子以"上善"统率众善,却有内外之有机联系。"居善地,心善渊",是以水喻立身存心,是内在的功夫;"与善仁,言善信",是以水喻处人接物,诚于中而形于外;"正善治,事善能,动善时",是以水喻治国利民,彰显形于外之光华。综此众善,是为上善。而文中"几于道"的"几"字,既体现了道与水的关系,又将水与上善及道贯通为一,表现了老子以水为喻的道用思想。

九　章

持而盈之[1],不如其已[2];揣而棁之[3],不可长保。金玉满堂[4],莫之能守;富贵而骄[5],自遗其咎[6]。功遂身退天之道[7]。

注释

〔1〕持:执持。盈:盈满。成玄英疏"执求盈满",甚是。《老子想尔注》与伦敦藏敦煌本"盈"作"满",因避汉惠帝刘盈讳。

〔2〕已:止。《管子·白心》:"持而满之,乃其殆也;名满天下,不若其已也。"与老子这一说法相近。

〔3〕揣:读为"捶"。捶击使之尖锐,引申为锋芒毕露。棁(ruì):多本作"锐"。棁,"锐"的假借。

〔4〕金玉满堂:帛书本作"金玉盈室",意同。

〔5〕"富贵"句:意为自恃富贵。骄,骄矜。而,与前同,皆"并且""而且"义。

〔6〕遗:遗留。咎:灾祸。

〔7〕遂:成。天之道:指自然规律,也就是第七十七章"损有余而补不足"的意思。

十 章

载营魄抱一[1],能无离乎[2]?专气致柔[3],能婴儿乎[4]?涤除玄览[5],能无疵乎[6]?爱民治国,能无知乎[7]?天门开阖[8],能无雌乎[9]?明白四达[10],能无为乎?生之,畜之[11],生而不有,为而不恃,长而不宰[12],是谓玄德[13]。

注释

〔1〕载:王弼注:"载,犹处也。"有乘载之义。《楚辞·远游》"载营魄而登霞兮"之"载",同此解。又据《册府元龟》唐玄宗天宝五载诏云:"顷改《道德经》'载'字为'哉',仍隶属上句。"即上章末句为"天之道哉"。改"载"为"哉",隶属上句,从此说者甚多,可备一说。营魄:魂魄,灵魂。抱一:守一,专心于一念。

〔2〕不离:谓排除杂念,不弃所守。离,丧失。

〔3〕专(tuán):"抟"的假借字,结聚。气:精气。致柔:使之柔和。

〔4〕能婴儿:能够成为婴儿。此处"婴儿"用作动词。傅奕本"能"后有"如"字。俞樾《诸子平议》谓:"河上公及王弼本均无'如'字,于文义未足。惟傅奕本有'如'字,与古本合。"

〔5〕涤(dí):洗垢。帛书本"涤"作"脩"。除:去尘。览:帛书甲本作"蓝";乙本作"监",即古"鉴"字,镜子。

〔6〕疵：瑕疵，弊病。此处指欲望。

〔7〕无知(zhì)：诸本不同，或作"无以知"，或作"能无为"。知，同"智"。

〔8〕天门：耳目口鼻等感官。或释为道心。《庄子·庚桑楚》："入出而无见其形，是谓天门。"

〔9〕雌：雌柔，象征静寂。河上公注："天门谓北极紫微宫，开阖谓终始五际也。治身，天门谓鼻孔，开谓喘息，阖谓呼吸也。"此道教言养身之法，可供参考。

〔10〕明白：取"虚"义。四达：取"通"义。

〔11〕畜：畜养。意同第五十一章"德畜之"。

〔12〕长：成长。宰：主宰。

〔13〕玄德：《尚书·舜典》："玄德升闻，乃命以位。"《传》："玄谓幽潜，潜行道德。"此指内在的深厚品德。按：此数句与五十一章错简重出。

问题分析

1. 说"天门"：评论与主旨。

老子较早提出"天门"一词，继后言"天门"者主要有四种说法。其一，《庄子·庚桑楚》："入出而无见其形，是谓天门。天门者，无有也。万物出乎无有。"郭象注："天门者，万物之都名也。谓之天门，犹云众妙之门也。"又如《楚辞·九歌·大司命》："广开兮天门，纷吾乘兮玄云。"此天门直谓天上之门，即宇宙奥秘处。其二，《庄子·天运》："其心以为不然者，天门弗开矣。"释文："天门，谓心也。"此以"天门"喻"人心"，指思维之奥秘。其三，如河上公注，以"天门"喻"鼻孔"，开阖呼吸，此道教养气养身之法。其四，杜甫《宣政殿退朝晚出左掖》："天门日射黄金榜，春殿晴曛赤羽旗。"此"天门"指帝王宫门。从老子的文意来看，前言"爱民治国"，天门可作官门解，"天门开阖"指为政者之政令由此门出纳，比较恰当。不过，结合老子全文，政令与自然往往交织融会，皆统摄于"道"，所以此"天门"亦如其"谷神""玄牝"及"众妙之门"，具有"雌柔"的特性，与其生命意识切切相关。

2."玄德"是老子思想中的重要概念,其内涵及与道的关系究竟如何?

《老子》两篇,上篇论道,亦兼论德;下篇论德,亦多论道,道、德二字,在老子思想中有时等同,有时异趣,自当具体对待。这里所说的"玄德",与《老子》书中的"孔德""常(恒)德""广德""建德"词语类似,推崇的是一种相近"上善"的"至德"。"玄德"一词,出自《尚书·舜典》:"玄德升闻,乃命以位。"《传》云:"玄谓幽潜,潜行道德。"奚侗《老子集解》云:"玄德,犹云至德,以其深远,故云玄也。"就道体而言,这里的"玄德"遥映"抱一",言能固守于道,则演为"玄德",取"道生之,德畜之"(第五十一章)意,所谓生而不有其有,为而不恃其功,长而不为主宰,一任自然大化,是承"天门"亦即"众妙之门"而来。就道用而言,诚如蒋锡昌《老子校诂》所说:"自'生之'至此,言圣人治国之表现与成功,故最后以'玄德'二字赞之。"如此玄德之用,宋人叶梦得有段话值得引述:"老氏论气,欲专气致柔,如婴儿;孟子论气,以至大至刚,以直养而无害,则塞乎天地之间,二者正相反。……从老氏,则废孟子;从孟子,则废老氏。以吾观之,二说正不相妨。人气散之,则与物敌而刚;专之,则反于己而柔。刚不可胜,胜刚者必以柔。则专气者,乃所以为直也,直气而无害于外,则所谓持其志,无暴其气者,当能如曾子之守约。约之积而发于微,则直养者乃所以为柔也。故知道之至刚者,本自无二。"(引自《岩下放言》)此比较老、孟论气之用的异同,是有启发意义的。

十 一 章

三十辐共一毂[1],当其无[2],有车之用。埏埴以为器[3],当其无,有器之用。凿户牖以为室[4],当其无,有室之用。故有之以为利,无之以为用[5]。

注释

〔1〕三十辐:河上公注:"古者车三十辐,法月数也。"辐,车的轴条。共:即"拱"字,拱卫,集中。毂(gǔ):车轮中心的圆孔木。按:《论语·为政》:"为政以德,譬如北辰,居其所而众星共之。"朱熹集注:"共,音拱,亦作拱。共,向也,言众星四面旋绕而归向之也。"

〔2〕当:在。无:空虚之处。

〔3〕埏(shān)埴:糅合黏土。器:指圆形陶器。按:埏,《释文》依王本原作"挻",借为抟。朱骏声《说文通训定声》:"凡柔和之物,引之使长,抟之使短,可折可合,可方可圆,谓之挻。"

〔4〕户牖:门窗。

〔5〕之:助词。按:此句与上句的"之"字作助词,代指前述之毂木、陶土、门窗壁。王弼注:"木、埴、壁所以成三者,而皆以无为用也。"

问题分析

"有无相生"与"当其无……之用",这是老子的反向思维吗?

老子常以反向思维述理,众人多言"有"之用,他则强调"无"之用,这与他思想由物用勘进于道用相关。然老子既言"无"之用,又何以强调"有无相生"?因为老子这里讲的无,皆所谓空处,而非哲学上所说的绝对的无,绝对的"无"不包含"有"。正始名士王弼主张"本无"哲学,他有一天见到裴徽,裴徽问王弼:"夫无者,诚万物之所资也,然圣人莫肯致言,而老子申之无已者何?"王弼回答:"圣人体无,无又不可以训,故不说也。老子是有者也,故恒言无所不足。"(《三国志·魏书·钟会传》裴松之注)也正因为老子不排斥"有",所以才说"无"借"有"以为用。当然,老子说"无"之用,也当注意其间概念与实物的差异。比如"三十辐共一毂,当其无,有车之用",辐、毂、车皆实体之"有",惟其"用"在"无",将"无"解释为空处,虽不谬,然亦太简单。因为造车之前,必有"圜",《周易·说卦》"乾为天,为圜",此概念存于胸中,而后始能"得其环中,以应无穷"(《庄子·齐物论》),所以老子的"无"之用,在具体运用中也有不可忽略的超越性。

文化史扩展

道、技、器

中国古代学者对"道"与"技"(艺)、"器"(物)关系的看法,往往表现出一元化形态,即以"道"为主,以"技""器"为辅;以"技""器"为手段,以"道"为目的。但却有着层次的差异。如《易·系辞上》:"形而上者谓之道,形而下者谓之器。"朱熹的解释是:"形而上者,无形无影是此理;形而下者,有情有状是此器。"在《庄子·养生主》中,作者也假托"庖丁"之口说:"臣之所好者道也,进(超)乎技矣。"这也就形成了中国文化中一贯主张的"重道轻技(器)"观念。其实,中国古代的这种重道轻技思想只是比较值,而非绝对值,因为在重道时"道"本身就内含了技与器,老子从"车""牖"等物象谈"有器之用",即以"有"体"无",由"物"观"道",是非常典型而且是值得重视的。

十 二 章

五色令人目盲[1],五音令人耳聋[2],五味令人口爽[3],驰骋畋猎令人心发狂[4],难得之货令人行妨[5]。是以圣人为腹不为目[6],故去彼取此[7]。

注释

〔1〕五色:青、黄、赤、白、黑。

〔2〕五音:宫、商、角、徵、羽。

〔3〕五味:酸、甘、苦、辛、咸。爽:伤,败。此指败口。《广雅·释诂》:"爽,伤也。"《楚辞·招魂》:"厉而不爽。"王逸章句:"爽,败也。"

〔4〕驰骋:纵马飞逐。畋(tián):猎取禽兽。狂:无常。此指心失常态。心发狂,高亨《老子正诂》认为"'发'字疑衍。'心狂'二字,其意已足。此文……句法一律,增一'发'字,则失其句矣。"可参。

〔5〕行妨:《仪礼·聘礼》:"多货则伤于德。"此指败坏人的品德。妨,害。

〔6〕为腹不为目:王弼注:"为腹者以物养己,为目者以物役己。"

〔7〕去彼:指"为目"的声色之娱。取此:指"为腹"的恬淡安饱生活。

问题分析

1. 老子"五戒"与儒、释两家的"戒心"与"戒律"相通吗？

老子在本章提出了"五戒"，即戒色、戒音、戒味、戒田猎、戒难得之货，充分显示其针对侈靡颓废之社会现实的愤世人生观。只是老子所戒，不在声色本身，而在于过度纵欲，因为声、色等可供娱乐之外物，若玩物丧志，则必戕身心与品性。"五色"本可悦"目"，而何至于"盲"？"五音"本可悦"耳"，而何至于"聋"？"五味"本可悦"口"，而何至于"爽"（败伤）？"田猎"本可强"身"，而何至于"心发狂"？"难得之货"本可供玩赏，而何至于"行妨"？究其本质，即如孔子论《诗》三百篇，"一言以蔽之，曰思无邪"（《论语·为政》）。邪则情欲失控，故易致败。《礼记·中庸》谓"喜怒哀乐之未发，谓之中；发而皆中节，谓之和。中也者，天下之大本也；和也者，天下之达道也。致中和，天地位焉，万物育焉"，与老子"守中"思想有异曲同工之妙。而在这里，老子以色、音等五者并列，突出强调"目"的作用，因为目易触邪，故应慎其所视，此与孔子"戒慎乎其所不睹"（《中庸》）意旨一致。与老氏相近，儒、释两家也极重戒心与戒律。如孔子明确提出克制私欲与心念的"四勿"，即"非礼勿视，非礼勿听，非礼勿言，非礼勿动"（《论语·颜渊》），是儒门礼教思想与"戒"的结合。释氏更重戒律，所谓"六根"（眼、耳、鼻、舌、身、意）、"六尘"（色、声、香、味、触、法），皆以眼、色为首，并由此提出"三学"（戒、定、慧），于"戒"引出修炼功夫之"八正道"，即"正见""正志""正语""正业""正命""正精进""正念""正定"。由此可见，三教均重视六根清净、六尘不染的慎独功夫，这也是三教理论相通而不相隔的地方。

2. 为什么说"为腹"与"为目"？二者的不同点在哪里？

老子在这里说的"圣人为腹不为目"，与其第三章强调的"虚其心，实其腹，弱其志，强其骨"义同，"为腹"取其易足之义，"不为目"去其无厌之求。倘进一步探求义理,老子的"为腹"与"为目"之解又众说纷纭,各取其义。陈鼓应《老子注译及评介》引述近人蒋锡昌、严灵峰、林语堂三家言说,以证"只求安饱,不求纵情声色之娱"的意思。为说明问题,复引三家说如次:蒋锡昌说:"老子以'腹'代表一种简单清静无知无欲之生活;以'目'代表一种巧伪多欲,其结果竟至'目盲……耳聋……口爽……发狂……行妨'之生活。明乎此,则'为腹'即为无欲之生活,'不为目'即不为多欲之生活。"严灵峰说:"腹易厌足,目好无穷。此举'目'为例,以概其余:耳、口、心、身四者。言只求果腹,无令目盲、耳聋、口爽、行妨。"林语堂英译《老子》说:"'腹'指内在自我(the inner self),'目'指外在自我或感觉世界。"(见 The Wisdom of Laotse,P.90)三说从各自的角度作出解释,大同小异,亦大致不谬。只是如果仅将"腹"视为"无欲",似嫌简单,有违老子并不反对人们享有基本的物质需求之思想。因此,刘笑敢《老子古今》采用西方社会心理学家如马斯洛(A. Maslow)有关人的需求和动机可由低到高分若干层次说,认为老子说的"为腹"是保障最基本需求的优先地位,而"不为目"属于中间层次的需求,如口腹之欲、虚荣权利等。同样,老子在认同人们满足最基本需求的同时,又不反对追求更高的超越的目标,如"法自然""知天道"等。这样理解,刘氏认为"为腹不为目"也"就包含相当深刻的哲理和对人生境界的追求",是值得重视的。

十 三 章

宠辱若惊[1],贵大患若身[2]。何谓宠辱若惊?宠为下[3],得之若惊,失之若惊[4],是谓宠辱若惊。何谓贵大患若身?吾所以有大患者,为吾有身[5];及吾无身[6],吾有何患!故贵以身为天下,若可寄天下[7];爱以身为天下[8],若可托天下[9]。

注释

〔1〕宠:得到荣耀。辱:受到侮辱。若惊:使之而惊。若,而,如。

〔2〕贵:看重。大患:忧患。身:身体,生命。按:据陈柱《老子集训》认为:"二语为古语,老子引而解释之。"焦竑《老子翼》引录王道《老子臆》说:"贵大患若身,当云:贵身若大患。倒而言之,文之奇也,古语多类如此者。"高亨疑作"大患有身","贵"字涉下文衍,"有""若"篆形相近而讹。可备一说。

〔3〕下:卑下。诸本中或作"宠为上,辱为下"。

〔4〕"得之"二句:成玄英疏认为"得之""失之",都指"宠"而言,即得之谓得宠,失之谓失宠。刘师培《老子斠补》认为"宠"与"贵"对文,"辱"与"大患"对文,可参考。

〔5〕为:因为。

〔6〕及:若,如果。

〔7〕"故贵"二句：任继愈《老子绎读》译作："只有对天下并不看重的人，才可寄以天下的重任。"并引《庄子》《吕氏春秋》以证其说。按：《庄子·让王》："夫天下至重也，而不以害其生，又况他物乎？唯无以天下为者，可以托天下也。"《吕氏春秋·贵生》："天下重物也，而不以害其生，又况于他物乎？唯不以天下害其身者也，可以托天下。"

〔8〕爱：珍惜。

〔9〕若：此处作"乃"解。

问题分析

试述"宠"与"辱"、"患"与"身"之间的关系。

本章主要标示"宠"与"辱"、"患"与"身"之间的微妙关系。而其间的关联词"若"字，颇有讲究："若惊"之"若"，作"如"字解，言宠辱加之于人，如受惊恐；"若身"之"若"，作"及于"解，如《国语·晋语五》所言"病未若死，祗以解志"，言人应时时重视大患是否及于自身。老子教人处世之心态，与《周易·乾卦》"君子终日乾乾，夕惕若厉，无咎"、《诗·小雅·小旻》"战战兢兢，如临深渊，如履薄冰"同义，示人防患于未然。因为宠辱常由主客观条件之转移而随之变化，大患亦可能随时加身。《韩非子·说难》载有这样一则故事："昔者弥子瑕有宠于卫君。卫国之法：窃驾君车者罪刖。弥子瑕母病，人闻有夜告弥子，弥子矫驾君车以出。君闻而贤之曰：'孝哉！为母之故，忘其犯刖罪。'异日与君游于果园，食桃而甘，不尽，以其半啖君。君曰：'爱我哉！忘其口味以啖寡人。'及弥子色衰爱弛，得罪于君。君曰：'是固尝矫驾吾车，又尝啖我以余桃。'故弥子之行未变于初也，而以前之所以见贤，而后获罪者，爱憎之变也。"爱憎之变，宠辱随之。通过这则故事，可以体悟老子"宠辱若惊"的用心良苦。至于"贵大患若身"，"患"与"身"的关系，解释亦多。如马其昶《老子故》说："宠辱之所以为患者，以吾有身也；若无吾身之存念，则与天地万物为一体，安往而不逍遥哉！"此奉老子"外其身而身存"(七章)的宗旨,得其"道体"。而范应元《老子道德经古本集注》说:"轻身而不修身,则自取危亡也。是以君子安而不忘危,存而不忘亡,故终身无患也。"此又承老子检欲思想,得其"道用"。对照两说,或空灵,或质实,于解读老子"患"与"身"之关系,均有所裨益。

十四章

视之不见,名曰夷[1];听之不闻,名曰希[2];搏之不得,名曰微[4]。此三者不可致诘[5],故混而为一[6]。其上不皦[7],其下不昧[8],绳绳不可名[9],复归于无物。是谓无状之状,无物之象,是谓惚恍[10]。迎之不见其首,随之不见其后。执古之道以御今之有[11],能知古始[12],是谓道纪[13]。

注释

〔1〕夷:灭,谓无形。帛书本作"微",范应元《老子道德经古本集注》作"几"。

〔2〕希:静。谓无声。河上公注:"无声曰希。"

〔3〕搏:帛书本作"㨂",意为抚摸。或作"抟"。

〔4〕微:意为无形。河上公注:"无形曰微。"

〔5〕诘(jié):问。致诘:追问,推究。

〔6〕混:混然。一:不可分者,形容"道"。

〔7〕皦:显明,清晰。

〔8〕昧:暗昧,模糊。

〔9〕绳绳(mǐnmǐn):绵延不绝的样子。帛书本作"寻寻","绳""寻"古

通用。

〔10〕惚恍:微妙莫测,若有若无。诸本或作"惚况""芴芒",同音相通。

〔11〕古、今:帛书本皆作"今",文义不及王本。御:驾驭,治。

〔12〕古始:太初,原始。

〔13〕道纪:道的规律,道的原理。

文化史扩展

道纪 浑沌 天体

蒋锡昌《老子校诂》曾把老子的"道"与"浑""昏""混""浑沌"结合起来考虑,认为是描写道家"无知无欲"状态的一组同义词。如果将这一人生状态归复于自然态,则显然与中国古代的天体理论有着紧密的联系。老子的"道纪",就是宇宙的自然本始状态。东汉天文学家张衡著《灵宪》,就曾演绎老子之说,以为浑天说的理论。兹引录如下:"太素之前,幽清玄静,寂寞冥默,不可为象,厥中惟虚,厥外惟无。如是者永久焉,斯谓溟涬,盖乃道之根也。道根既建,自无生有;太素始萌,萌而未兆;并气同色,浑沌不分。故《道志》之言云:'有物浑成,先天地生。'其气体固未可得而形,其迟速固未可得而纪也。如是者又永久焉,斯谓庞鸿;盖乃道之干也。道干既育,万物成体,于是元气剖判,刚柔始分,清浊异位;天成于外,地定于内。天体于阳,故圆以动;地体于阴,故平以静。动以行施,静以合化,埋郁构精,时育庶类,斯谓天元,盖乃道之实也。"这种由"道根""道干"到"道实"的演化,虽较老子"道可道,非常道""道之为物,惟恍惟惚"更为具体,然其根源同于老子的"道纪",并足以阐发其意义,故录之以资参研。

十 五 章

古之善为士者[1],微妙玄通[2],深不可识[3]。夫唯不可识,故强为之容[4]:豫焉若冬涉川[5],犹兮若畏四邻[6],俨兮其若容[7],涣兮若冰之将释[8],敦兮其若朴[9],旷兮其若谷[10],混兮其若浊[11]。孰能浊以止[12]?静之徐清[13]。孰能安以久?动之徐生[14]。保此道者不欲盈[15]。夫唯不盈,故能蔽不新成[16]。

注释

〔1〕善为士者:得道之人。士,帛书本、傅奕本均作"道"。

〔2〕通:通达。

〔3〕识:认知。

〔4〕容:形容,形象。帛书本、傅奕本"容"后有"曰"字。

〔5〕豫:一种兽名,因性多疑,引申为犹豫不决。川:河流。

〔6〕犹:同豫,又一兽名,性同。《礼记·曲礼下》:"定犹豫。"孔颖达疏:"《说文》云:犹,兽名,玃属;豫,亦是兽名,象属。此二兽皆进退多疑,人多疑惑者似之,故谓之犹豫。"

〔7〕俨兮:形容恭谨的样子。俨,敬。容:帛书及多本皆作"客",作客者谨

慎而不敢放肆,宜是。

〔8〕涣:涣散。释:融解。

〔9〕敦:淳厚。朴:《说文》:"朴,木素也。"指未经雕琢的原状木头,此形容质朴。

〔10〕旷:宽广。若谷:喻空旷。

〔11〕混:不分明。浊:浊水。

〔12〕浊以止:王弼本无"止"字,据他本补。

〔13〕静之徐清:吴澄《道德真经注》:"浊者,动之时也,继之以静,则徐徐而清矣。"

〔14〕"孰能"二句:吴澄《道德真经注》:"安者,静之时也,静继以动,则徐而生矣。"安以久,帛书本作"安以重",简本作"庀以逨"。安,静止的样子。以,而。

〔15〕此道:指徐清、徐生之道。盈:满。

〔16〕蔽:"敝"的借字。帛书乙本作"敝而不成",不,当为"而"字。易顺鼎《读老札记》引《淮南子·道应训》"故能蔽而不新成",以为原本有"而"字,"不"字"殆后人臆加"。蔽而新成,谓敝旧能更新。

问题分析

老子在本章描写"善士"的形象与求道的路径,其意义何在?

老子论道,极为丰富多彩,或抽象言述,或形象描写,本章正是以生动的描写,刻画出"善士"(体道之士)的形象与神采,这也是老子将"道"人格化的思想体现。魏源《老子本义》说:"此章不言圣人、至人,而言善为士者,是专示人入道之要,而强为之容也。粗尽而微,微至而妙,妙极而玄,则无所不通而深不可识矣。"由此可见,"微妙玄通"的"善士"是无法真实摹写的,所以老子用"强为之容"的方法,使之艺术地再现。这里的"容"字,作容象解,即入道者诚于中而形于外的形象。而这一形象,皆由"容"字生发,展现出一位小心翼翼(若冬涉川)、不敢妄动(若畏四邻)、端谨庄重(俨兮其若容)、消散(若冰之将释)、质朴(敦兮其若朴)而又胸怀深广(旷兮其若谷)、混茫难测(混兮其若浊)的"善士"。在这里,"豫焉若冬涉川"以下的七句描写,既是善士入道之"容",亦即求道之要。而就其求道路径,则在下述"孰能浊以止,静之徐清"两排句,向知"道"而不能自保而行者发问:"混兮其若浊",乃与物一体,忘我之极致,谁能浊以止而静之使清?既静且清,又谁能安以久而动之使生?这里的"浊"与"安"总括上文:敦、朴、旷、混、浊之容;豫、犹、俨、安之容,能止能久,道方可保而可行。王弼注此云:"夫晦以理物,则得明;浊以静物,则得清;安以动物,则得生,此自然之道也。孰能者,言其难也。徐者,详慎也。"说明入道难,保道也不易。而保道要则,首戒持盈(不欲盈),所谓"满招损,谦受益","能敝"即能"新成",亦即"大成若缺,其用不弊。大盈若冲,其用不穷"(第四十五章),此乃求道路径,也是保道要旨。

文化史扩展

士

对"士"的解释很多,据《说文解字》:"士,事也。数始于一,终于十,从十一。孔子曰:'推十合一为士。'"段玉裁注:"凡能事其事者称士。"又,《白虎通》解说:"士者事也,任事之称也。故《传》曰:'通古今,辨然否,谓之士。'"训"士"为"事",当为"士"的古义,后由此引申,而生出多种义项。其一,从事耕稼的男子。《周易·归妹》:"女承筐,无实;士刲羊,无血。"《诗·郑风·女曰鸡鸣》:"女曰鸡鸣,士曰昧旦。"孔颖达疏:"士者,男子之大号。"其二,兵士,或武士。屈原《九歌·国殇》:"旌蔽日兮敌若云,矢交坠兮士争先。"《吕氏春秋·简选》"锐卒千人"高诱注:"在车曰士,步曰卒。"后以统称武士。其三,古时四民之一,即"士农工商",这一"士"的义项具有职业的意味,即参与治理国家事务的知识阶层。春秋以后,儒家学者对士的理解多取此义项,"士"又与"君子"相近,如《论语》中记载孔子说"士志于道"(《里仁》)、"士而怀居,不足以为士矣"(《宪问》)、"士不可以不弘毅,任重而道远"(《泰伯》)、"君子忧道不忧贫"(《卫灵公》),孟子答王子垫问"士何事"说"尚志",所谓"士穷不失义"(《孟子·尽心上》)。这样,"士"的内涵已增加了气节的意思,即"仁义"之道。其四,古代官名,如诸侯设官有"上士、中士、下士"(见《礼记·王制》),刑官称"士师",如《尚书·舜典》谓"汝作士,五刑有服",或官名统称,如《礼记·杂记》"士次于公馆"注:"士,谓邑宰也。"其五,作官,通"仕"。如《孟子·公孙丑下》:"有仕于此,而子悦之。"王充《论衡·刺孟》引作"有士于此"。孔子说的"学而优则仕"也与此相通。在上引诸多义项中,"士"训作"事",当为本义,而"士"之含义的变迁,当注意历史的两重演变:一是由贵族的官位向庶人阶层的转移,春秋以后儒家学者的生存地位及对"士"贫而不失仁义之道的要求,是此结果。二是由武士向文士的转移,顾颉刚有《武士与文士之蜕化》一文论述甚详,后代儒侠对立,也是这一变化后的情形。

十六章

　　致虚极[1],守静笃[2],万物并作[3],吾以观其复[4]。夫物芸芸[5],各复归其根[6]。归根曰静,是谓复命[7],复命曰常[8],知常曰明[9]。不知常,妄作凶[10]。知常容[11],容乃公[12],公乃王[13],王乃天,天乃道,道乃久,没身不殆[14]。

注释

　　[1] 致:多本作"至",古通。虚极:形容心灵空明无尘杂到了极点。

　　[2] 静笃:清静纯一。笃,《礼记·儒行》"笃行而不倦",孔颖达疏:"笃,犹纯也。"

　　[3] 作:动作,生长。并作:竞相生长。

　　[4] 其:别本无此字。复:返。取往复、循环之义。

　　[5] 芸芸:河上公注:"华叶盛。"形容复杂众多。或作"云云""员员",皆双声词,含义相同。

　　[6] 归根:王弼注:"各返其所始也。"即返本义。

　　[7] 复命:复归于天地本然之性。按:命,在此指生生不息的道。

　　[8] 常:道的永恒法则。

　　[9] 知常:认识这一永恒法则。明:明智。

〔10〕妄作:轻举妄动。泛指一切逞强的行为。凶:恶兆。

〔11〕容:包容,通达。

〔12〕公:公平,公正。

〔13〕王:一作"全",或作"周",取周普之义。按:通行本多作"王",帛书本亦是。王,老子有江海为"百谷王"之说,《荀子·正论》亦谓"天下归之之谓王",释大公无私,人心所归,似宜。

〔14〕没身:终身。殆:危险。

问题分析

何谓"致虚极,守静笃"?

本章主旨在"复命",即复归天地本然之性,而其工夫,则在开篇两句"致虚极,守静笃",言以虚静观万物之变化而知其归复。范应元《老子道德经古本集注》解释此句云:"致虚、守静,非谓绝物离人也。万物无足以挠吾本心者,此真所谓虚极、静笃也。"细绎其义,"致虚极"之"致",可取朱熹对《礼记·大学》"致知"的解释:"致,推极也,知犹识也,推及吾之知识欲其所知无不尽也。"换言之,老子是欲推及吾之道力以达于虚无之极限。河上公注:"得道之人,捐情去欲,五内清净,至于虚极。""守静笃"之"守",即同五十二章的"守柔曰强"之义。柔即静,守柔即守静,"守静"而至于"笃",一如《礼记·儒行》"笃行而不倦"、《论语·泰伯》"笃信好学,守死善道"之义。陈鼓应《老子注译及评介》说:"'虚''静'形容心境原本是空明宁静的状态,只因私欲的活动与外界的扰动,而使得心灵蔽塞不安,所以必须时时做'致虚''守静'的工夫,以恢复心灵的清明。"其说比较恰当,符合老子"复命"的本旨。

十七章

太上[1],下知有之[2],其次亲而誉之[3],其次畏之[4],其次侮之[5]。信不足焉,有不信焉[6]!悠兮其贵言[7],功成事遂[8],百姓皆谓我自然[9]。

注释

〔1〕太上:最上,最好,此指最高明的君主。

〔2〕下:民众。之:指君主,以下数句的"之"字意同。

〔3〕其次:等而下之。誉:称赞。

〔4〕畏:畏惧。

〔5〕侮:轻慢。

〔6〕"信不足"二句:此二句有三种情形:一如此文,如王弼注本;二是作"信不足,有不信",无二"焉"字,如《老子想尔注》本;三是作"信不足,焉有不信",少一"焉"字,如傅奕本。前"信"可解作信誉,后"信"可解作信任。

〔7〕悠:或作"由""犹""猷",古通假。其:指太上。贵言:不轻诺寡信。或谓不轻易发号施令。

〔8〕遂:成。

〔9〕我:指君王或圣人。一解作百姓自称,不妥。自然:自成。

问题分析

有关"百姓皆谓我自然"的解释很多,试加以分析。

在本章中,"百姓皆谓我自然"句颇多歧义,对文意的理解也有所影响。就文字而言,河上公本与王弼本相同,傅奕本"谓"字作"曰",帛书本作"而百姓",不同于诸本"百姓皆",简本句尾多一"也"字。而对此句的解释,河上公注:"谓天下太平也。百姓不知君上之德淳厚,反以为己自当然也。"其义是君王功成事遂,而百姓自谓自然。这种以"我自然"的断句法,为大多数注家所接受。再看王弼注:"自然,其端兆不可得而见也,其意趣不可得而睹也,无物可以易其言,言必有应,故曰悠兮其贵言也。居无为之事,行不言之教,不以形立物,故功成事遂而百姓不知其所以然也。"王说解释老子思想,可谓精到,然究竟是百姓自然还是君王自然,并不清楚。与之不同,《老子想尔注》云:"我,仙士也,百姓不学我……而意我自然,当示不肯企及效我也。"此明确将"百姓"与"自然"断开。对此,刘笑敢《老子古今》做出长篇分析,其中有两点值得引述:一是本章叙事的主体是圣人,是圣人"悠兮其贵言""功成事遂",所以"自然"不当为百姓自谓。二是"谓"字用法,本义是"论",例举《论语·公冶长》"子谓公冶长,'可妻也。'"而不可理解为"子谓:'公冶长可妻也。'"所以他依据简本,理解为"百姓谓我,'自然也,'"而非"百姓谓:'我自然也。'"其说可参,亦可取。

文化史扩展

1. 百姓

百姓有两种含义:一指百官。《尚书·尧典》:"百姓昭明,协和万邦,黎民于变时雍。"《诗·小雅·天保》"群黎百姓,遍为尔德。"皆以百姓与黎民对称。二指平民,庶民。《论语·宪问》:"修己以安百姓,尧舜其犹病诸。"邢昺疏:"百姓谓众人也。"《荀子·强国》:"入境,观其风俗,其百姓朴,其声乐不流污,其服不挑。"姓氏源于氏族制,章炳麟《訄书·族制》说:"上古受姓皆以母,而姬、姜、姞、姚从女。"说明早期姓氏源于母系氏族,而从母系向父系氏族转变,始有"统以父"现象。又据《左传·隐公八年》记载:"天子建德,因生以赐姓,胙之土而命之氏。"也就是说,上古民无姓,有姓者皆有土地与官爵,其后民始有姓氏。《白虎通·姓名》:"人所以有姓者何? 所以崇恩爱,厚亲亲,远禽兽,别婚姻也。"此重血缘的族群意识,当为后起之义,按时代的发展来看,上古"百姓"当指"百官",春秋以后,渐下及平民。明人杨慎《丹铅总录·琐语》、清人阎若璩《四书释地又续·百姓》均有详细说明,可以参考。

2. 自然、人文自然

在古代典籍中,"自然"一词源出《老子》。自然一词大体有三个义项:一是天然,非人为的意思。如《老子》中的"道法自然"。王安石《临川集》卷六十八《老子》释云:"本者,出之自然,故不假乎人之力而万物以生也。"二是不造作,非勉强的意思。《老子》"百姓皆谓我自然"当取此义。又《孔子家语·七十二弟子解》:"少成则若性也,习惯若自然也。"也是取自然而然的意义。三是如同"当然"的意思。《史记·孝文本纪》载:"遗诏曰:朕闻盖天下万物之萌生,靡不有死。死者天地之理,物之自然者,奚可甚哀。"又如沈括《梦溪笔谈》卷十八《技艺》:"医之为术……如火少必因风气所鼓而后发,火盛则鼓之反为害,此自然之理也。"就思想家而言,自然又可划分为大自然的自然与人文的自然,刘笑敢《老子古今》认为老子的自然属于人文自然,并将其定义为老子哲学的最高价值或中心价值。对人文自然的内涵,刘氏则分成"总体""群体"与"个体"三层次加以揭示,并据以探讨道家与儒家、墨家思想的异同与互补,对现实"和谐"社会的构建是有启迪意义的。

十 八 章

大道废,有仁义。慧智出,有大伪[1]。六亲不和[2],有孝慈[3]。国家昏乱[4],有忠臣。

注释

〔1〕"大道"四句:河上公本与王弼本同,傅奕本多两"焉"字,作"焉有仁义""焉有大伪"。帛书本则整章"有"字前皆多出"安"字,简本残"慧智出"二句,余三处亦有"安"字。"慧智",他本作"智慧"。按:文本不同,意义差异,所以本章解读歧义甚多。废,废弃,破坏。伪,欺诈。

〔2〕六亲:王弼注:"六亲,父子、兄弟、夫妇也。"

〔3〕孝慈:父慈子孝。或作"孝子"。

〔4〕国家:简本作"邦家"。昏:昏庸。乱:混乱。

问题分析

对"大道废,有仁义。慧智出,有大伪"的异文与说解,应取怎样的态度?

本章文字有两种读解:一种如王弼本、河上公本"大道废,有仁义"的三字句,意思是大道被废弃破坏后,才出现什么仁义,对"仁义"

等显然具有贬抑的意义。另一种是帛书本与简本,均作"故大道废,安有仁义"的四字句(傅奕本作"焉有仁义"),其中一"安"字,一般解释为"哪里",这样,文义就成了大道被废弃破坏,哪里还有仁义可讲呢?"仁义"等词与"大道"为相承关系,是同义或近义,具有褒扬的意思。所以有的学者据此认为老子并不鄙薄仁义,其与儒家的思想是相同的。可是对照《老子》全文,其中与儒家思想冲突处甚多,仅据此以"道"合"儒",殊非定论。同时就帛书本而言,其继"故大道废,安有仁义"后,就是"智慧出,安有大伪",以"大伪"等同"仁义",显然不合文义,所以又有后人"增改"说,而简本仅三句,没有"智慧出"一句,则较合理。总之,这一问题至今仍有争论,暂可存疑。

文化史扩展

1. 孔、孟的仁义观

文天祥曾说"孔曰成仁,孟云取义"(《纪年录赞》),仁义观正是孔子与孟子思想的核心,也是儒家思想的基础。具体说,"孔子贵仁"(《吕氏春秋·不二》)。首先,孔子贵"仁"表现出对"人性"的态度和做人的尊重。《论语·颜渊》载:"樊迟问仁,子曰:'爱人。'"而仁之本,则在来自家族亲缘的孝悌观,即"孝悌也者,其为仁之本"(《学而》)。其二,孔子的"仁"实现了由尊天命向重人事的转化。他奉行"敬鬼神而远之"的原则,提出"未能事人,焉能事鬼"(《先进》),天神已成人的附庸,没有了独立的意义。但是,他同样重视天命,他见宾客、临祭祀的那种"如见大宾""如承大祭""居处恭,执事敬"的态度,指向的是一种内心敬天如祭的虔诚,是"祭神如神在"的"仁"的境界。其三,孔子论"仁"是与"礼"紧密结合在一起的。如"颜渊问仁。子曰:'克己复礼为仁,一日克己复礼,天下归仁焉。'"他一方面以"仁"充实"礼",所谓"人而不仁,如礼何"(《八佾》),一方面又用"礼"规范

"仁",即"克己复礼"为"仁"。孟子在"仁"的基础上更重一"义"字,并由此生发出义利之辨与尚义而轻利的思想。孟子取"义",最基本的特征是将其与仁心结合,认为"义"源自人的"良知",为人心所固有,即"义内"说。由于孟子以"良知"拯救乱世,所以他的"义"与"礼"的结合,又不同于孔子"仁"与"礼"的结合,孔子偏重的是"尊王",孟子偏重的是"贵民",也就是"民为贵","得乎丘民而为天子"(《孟子·尽心下》)。这也是孟子以"义"为核心的从"民之归仁""民之为道"到"保民而王"的政治理想。

2. 避讳与称号

在传世的《老子》版本中,多有避讳现象,如"邦""盈""恒"等字因讳汉代高帝、惠帝、文帝均改字,本章的"国家昏乱"之"国家"即"邦家"。所谓避讳,指凡遇到与君主或尊长名字同音或同字的字,不能直接称呼,要用改字、缺笔、空字等方式来回避,以表示敬畏。避讳主要有避君讳与避家讳两种。避君讳如汉文帝名恒,把"恒"改为"常",把恒山改为常山。又,唐太宗名世民,将"世"改为"代"或"系",将"民"改为"人",如柳宗元《捕蛇者说》将"民风"写作"人风"。避家讳如司马迁父名谈,《史记》就把赵谈改为赵同;再如苏轼祖父名序,苏洵文章把"序"改作"引",苏轼又改用"叙"字。以缺笔方式避讳,始于唐代,如"世"字缺底部一横,孔丘之"丘"缺右边一竖等。避讳往往造成语言上的混乱,做法也几近荒唐,特别是谐音避讳(古称"嫌名"),就受到颜之推、韩愈等学者的质疑。比如唐代诗人李贺父亲名"晋肃",因"晋"与"进士"之"进"同音,当时就有人坚决反对李贺报考进士科,韩愈为此写了《讳辩》一文,对此荒唐现象进行了批评与嘲讽。

与避讳相近的称号,即由古代宗法制度的"尊祖敬宗"带来的对君主等尊者的敬畏与崇拜。称号主要包括谥号、庙号与尊号。谥号是朝廷以谥法为标准,给予已逝帝王、诸侯、卿大夫的一种称号,用以概括死者生前的事迹和品德,具有评判的性质。谥号有一些固定的字,根据内涵大致有三类:一是褒扬类,如:经纬天地曰"文",布义行刚曰"景",威强睿德曰"武",柔质慈民曰"惠"等;二是贬抑类,如:乱而不损曰"灵",好内远礼曰"炀",杀戮无辜曰"厉"等;三是同情类,如:恭仁短折曰"哀",在国遭忧曰"愍",慈仁短折曰"怀"等。除朝廷赐谥,也有一些私谥现象,如陶渊明死后,颜延年谥其为靖节征士。庙号是太庙立祀时为已逝帝王追尊的称号,如太祖、太宗、世宗等,通常放在谥号之前,如汉武帝的全称是"世宗孝武皇帝"。尊号起于唐代,为生前的尊奉,受尊号者为皇帝、皇后(皇后的尊号又称"徽号"),如宋太祖乾德元年受尊号为"应天广运仁圣文武至德皇帝",清同治帝尊生母那拉氏为"圣母皇太后",上徽号为"慈禧"。尊号可以累加,多为阿谀奉承之词。

十 九 章

绝圣弃智[1],民利百倍;绝仁弃义[2],民复孝慈[3];绝巧弃利[4],盗贼无有。此三者以为文不足[5],故令有所属[6]。见素抱朴[7],少私寡欲。

注释

〔1〕圣:《说文》:"圣,通也。"此处取明通义,与老子歌颂的圣人之"圣"有所不同。智:聪明,智慧。按:此句简本作"绝知弃辩"。

〔2〕绝仁弃义:王安石《老子注》:"仁者,有所爱也。义者,有所别也。以其有爱有别,此大道所以废也。"按:有爱即有厌恶,有别即有区分,有损自然淳风。又按:此句简本作"绝伪弃诈"。

〔3〕孝慈:简本作"季子"。或谓"季"读"孝","子"读"慈";或谓读如字,"季子"即小儿的精神状态。

〔4〕巧:奇器,或技巧。利:财货,或私利。

〔5〕三者:即圣智、仁义、巧利。以:用。为文:作为文饰,或一种理论。不足:不够,没有说明力。

〔6〕令:使。属(zhǔ):属意。

〔7〕见素:外表单纯。抱朴:内心质朴。

问题分析

针对"绝圣弃智""绝仁弃义"异文与说解,试作分析。

老子在政治观上强调无为而无不为,在人生观上强调俭慈敦朴,所以对世俗的"仁义",对人为的"智慧",均予以无情的讥刺与鞭挞,这也是历代大多数学者研老的共识。然而继前章"大道废,有仁义"的异文而引起的歧义,本章"绝圣弃智""绝仁弃义"也因郭店简本的出现而产生歧文与歧义,也因此出现了对传统老学颠覆性的见解。本章文字,传世本与帛书本基本一致,只有简本异文,前四句为:"绝知弃辩,民利百倍。绝巧弃利,盗贼亡有。"在这里,"圣智"变为"知辩","仁义"二字则无有。文字不同,意义也迥异。如果依据传世本,老子的说法显然是针对儒家的圣智仁义思想发论,具有一定的批判意识;如果依据简本,则并没有反对圣智仁义的迹象,只是反对巧利而倡导淳朴。所以有学者据此认为,简本"大大减弱了通行本中所内含的道儒两家思想的尖锐分歧和激烈冲突",并提出:"道家早期思想的'反儒'性质,现在应该重新估定!"(李存山《从郭店楚简看早期道儒关系》,原载《中国哲学》第二十辑)此就简本文字而论,是有道理的。然而,文献的传承有着复杂的历史情景,谁是真正的《老子》原始文献,无法考明,而其中传播过程中的差误,也带来了研究的迷惑与困难。比如这里仅简本不同于传世本,而帛书本却同于传世本作"绝圣弃智""绝仁弃义",于是为求新义,仅取简本而忽略帛书本;同样,前章帛书本与简本在"有仁义"前均多一"安"字,于是求新义又合观简、帛本,质疑传世本。虽然取一取二,其法可行,然文本真相,则在龙蛇之间。其实,老子对仁义的态度,不仅应综观其文本之全加以判断,还可借资其他文献予以旁证。比如《庄子·天运》记载:"孔子见老聃而语仁义。老聃曰:'夫播糠眯目,则天地四方易位矣。蚊虻噆肤,则通昔

(夕)不寐矣。夫仁义憯然,乃愤吾心,乱莫大焉。'"庄子虽多寓言,但所述内含的历史与学术的背景,则是无须质疑的。所以在客观异文面前,对老子"仁义"观的主观判断,还是谨慎为好。

洪迈《容斋随笔·三笔》卷十说:"老子之言,大抵以无为、无名为本,至于绝圣弃智。然所云:'将欲歙之,必固张之;将欲弱之,必固强之;将欲废之,必固兴之;将欲夺之,必固与之。'乃似于用机械而有心者。微言渊奥,固莫探其旨也。"其说对老子之言的理解与不理解,虽含糊其词,但对"微言渊奥"的《老子》思想的认知态度,不无启迪意义。

二十章

绝学无忧[1]。唯之与阿[2],相去几何[3]?善之与恶[4],相去若何[5]?人之所畏,不可不畏。荒兮其未央哉[6]!众人熙熙[7],如享太牢[8],如春登台[9]。我独泊兮其未兆[10],如婴儿之未孩[11],儽儽兮若无所归[12]。众人皆有余[13],而我独若遗[14]。我愚人之心也哉[15],沌沌兮[16]!俗人昭昭[17],我独昏昏[18];俗人察察[19],我独闷闷[20]。澹兮其若海[21],飂兮若无止[22]。众人皆有以[23],而我独顽似鄙[24]。我独异于人,而贵食母[25]。

注释

[1] 绝学:绝弃仁义圣智之学。按:此句晁公武《郡斋读书志》谓唐张君相《三十家老子注》附上章末。蒋锡昌也认为:"此句自文谊求之,应属上章。"其后马叙伦、高亨等皆主此说,今注本多从之。考简本"绝学亡忧"在传世本四十八章之后,有断句号,而与下文无断句号,则应不在传世本十九章之后。又按:傅山《读老子》认为:"'学'本义'觉',而学之鄙者无觉。"可备一说。

[2] 唯:诺。阿:诃(hē)之借字,大言而怒。唯与诃,当解为顺从与反对。

[3] 几何:多少。

〔4〕善:或作"美",意同。

〔5〕若何:如何。

〔6〕荒:大,茫茫,意思是广漠开阔。央:尽。

〔7〕熙熙:和乐的样子。熙,马叙伦《老子校诂》以为"嬰"之借字。《说文》:"嬰,说(悦)乐也。"

〔8〕享:通"飨",享受。太牢:古帝王诸侯祭祀时,贡献物牛羊猪齐备,谓之太牢。此极言其隆重、丰盛。

〔9〕如春登台:一作"如登春台"。

〔10〕泊:淡漠。或作"怕",泊为借字,《说文》:"怕,无为也。"兆:征兆,始。

〔11〕孩:帛书本作"咳"。"孩""咳"古通。《说文》:"咳,小儿笑也。"未孩,指尚未开笑,无知无欲的状态。

〔12〕儽儽:《广雅·释训》:"儽儽,疲也。"通"累",没精打采的样子。

〔13〕余:充足。

〔14〕遗:失。

〔15〕"我愚人"句:于省吾《老子新证》连下断句为"我愚人之心沌沌",认为"也哉""兮"等虚字皆后人所增。高亨《老子正诂》认为此句为"后人注语"。其说可参。

〔16〕沌沌:混沌无知的样子。

〔17〕昭昭:明白。

〔18〕昏昏:昏聩。

〔19〕察察:精审,辨识。

〔20〕闷闷:昏昧。一作"闵闵"。

〔21〕澹:静。此句形容心静澄如海。

〔22〕飂(liù):高风。意指高风飘逝,无所止息。

〔23〕有以:有用。以,王弼注:"以,用也。"

〔24〕顽鄙:即无用,与"有以"相对。顽,愚钝。鄙,浅陋。

〔25〕食母:王弼注:"食母,生之本也。"此指天然的哎饭的本能。

60

问题分析

"绝学"境界与"反智"思想相通吗？为什么？

本章首句"绝学无忧"，诸本多置前章末，朱谦之《老子校释》即引李大防说："案：'绝学无忧'句，断不能割归下章。盖'见素抱朴，少私寡欲，绝学无忧'三句，是承上文'此三者以为文不足，故令有所属'句。'见素抱朴'，承'绝仁'二句；'少私寡欲'，承'绝巧'二句；'绝学无忧'，承'绝圣'二句；'此三者以为文不足'句，是统括上文；'故令有所属'句，是启下文。脉络分明，毫无疑义。"冯达甫《老子译注》对李说稍作"乙转"，即："绝学无忧，所以绝圣弃智；少私寡欲，所以绝仁弃义；见素抱朴，所以绝巧弃利。"其说皆符合逻辑，而且比较圆通。可是如果我们考虑到以下两个问题，也许对将"绝学无忧"置放于本章之首的做法，也可持宽容的态度。第一是《老子》一书的分章是东汉以后的事，与其时章句之学的兴起相关，所以《老子》的分段只是相对而非绝对的。第二是老子思想很多是非逻辑性而具有诗化的特征，其跳跃性是其思维的一个基本形态，将老子的言论严密地逻辑化，反而容易丧失其本真。如果我们换位思考，前章以"绝圣弃智"开篇，以下的"见素抱朴，少思寡欲"正为其所属，而本章以"绝学无忧"开篇，以下皆对"绝学无忧"者的形象化描写，呈示其"愚人"境界，或许能强化其思想性与趣味性。

文中从"荒兮其未央"到"而我独若遗"，正是对"绝学无忧"之形象的描绘，以己之淡泊寡欲，无知无虑，为道无为，对比众人施巧逐利，贪享口腹耳目之乐，而自觉有余，这正是"绝学无忧"的境界。正因为"绝学"，当众人"昭昭""察察"以显示其精明之状时，老子自诩的是"昏昏""闷闷"的混沌无知的形象。为强化这一思想，老子用"我愚人之心也哉，沌沌兮"一语点醒，表明其由"绝学"的方式达到的"无忧"的境界。而所谓"澹兮其若海，飂兮若无止"，又是这种"无忧"境界的推扩,表现出一种坦荡与愉悦。而这种"绝学无忧"之境界的表达,又与老子的"反智"思想紧密相联。余英时认为:"道家和法家的政治思想虽然也有不少与儒家相通之处,但在对待智性及知识分子的问题上却恰恰站在儒家的对立面。"而比较道、法之"反智",余英时又以庄子思想为例,提出了道家反智论的超越性,是颇有见地的。(详见余著《反智论与中国政治传统——论儒、道、法三家政治思想的分野与汇流》)与庄子寓言相比,老子有关"绝学"的论述比较质实,其意在使人反求诸己的本然之善,不至逐外失真,流于巧伪。不过,如果结合本章作者对"无忧"境界的形象描绘,以及前面对"体道之士"的形象塑造,老子的反智论同样具有一定的超越性,这与其体道的思想是一致的。

文化史扩展

太牢　少牢

古代盛牲的食器叫做"牢",大的叫做"太牢"。太牢盛三牲,因此也把宴会或祭祀时并用牛、羊、豕(猪)三牲,叫太牢。据《吕氏春秋·仲春纪》:"以太牢祀于高禖。"高诱注:"三牲具曰太牢。"这里也说明了上古时代太牢用于"社祭"的情况。相对而言,古代祭祀燕享单用羊、猪,称少牢。后又有以羊为少牢,以牛为太牢。如《大戴礼记·曾子天圆》记载:"诸侯之祭,牲牛,曰太牢。大夫之祭,牲羊,曰少牢。士之祭,牲特豕,曰馈食。"

二十一章

孔德之容[1],惟道是从[2]。道之为物,惟恍惟惚[3]。惚兮恍兮,其中有象[4];恍兮惚兮,其中有物[5];窈兮冥兮[6],其中有精[7],其精甚真,其中有信[8]。自古及今,其名不去,以阅众甫[9]。吾何以知众甫之状哉[10]?以此[11]。

注释

〔1〕孔德:指大德之人。孔,大。容:容貌,此指行为表现。河上公注:"有大德之人,无所不容,能受垢浊,处谦卑也。"

〔2〕"惟道"句:此句两解,一是唯独遵循此道,如河上公、王弼注;一是皆从道出,"从"释为"自",宋明注家多主此说。

〔3〕惟:助词,无义。恍惚:同"惚恍",见第十四章。按:恍,帛书本作"朢",《说文》解:"月满也,与日相望以朝君。"又,"惚"同"忽",《尔雅·释诂》:"忽,尽也,字并作惚。"

〔4〕象:形象。按:老子所言之"有物""有象",皆"无物之物""无象之象",故言恍惚。

〔5〕有物:与"道之有物"之"物"同,皆指不能用感官体察的存在实体。

〔6〕窈冥:形容道之形象。窈,深远。冥,幽昧。

〔7〕精:细微的原质。或解作"精气""生命"。按:高亨以为原本作"情",其《老子正诂》云:"《庄子·大宗师篇》:'夫道有情有信……'庄之'有信',即此章下文之'有信';则庄之'有情',即此章之'有精'矣。'精''情'古通用。"

〔8〕信:信验,征信。

〔9〕阅:认识,观察。众甫:"众"一作"终","甫"一作"父",众训终,"甫""父"相通,训始。

〔10〕状:多本作"然"。

〔11〕此:此处指"道"。

问题分析

何谓"孔德之容"?

老子所说的"孔德",近似"玄德""常德""广德",可解为"大德"。"孔"或释为"大",如河上公注:"大也。"苏辙谓"德为道之见,则大德之容,惟道是从矣";或释为"空",如王弼注:"孔,空也。惟以空为德,然后乃能动作从道。"其义大同小异。然"德"与"容"字,解释则有歧义。诸家解"德",或以为"道之功"(韩非),或以为"道之用"(陆德明),或以为"道之见"(苏辙),或以为"道的体现"(杨兴顺)。而"容"字,一般有两种释义:一是形容,诸家多作"容貌"解,"孔德之容"也就类同"体道"的"善士",或"微妙玄通",或"惟恍惟惚",皆兼道用与道体而言。一是动容,王弼说"动作从道",高亨说"'容'疑借为'搈',动也",并引《孟子·尽心》"动容周旋中礼者,盛德之至也"以为证。其实,无论是作形容解,还是作运作解,"孔德之容"的"容",都是老子对有德之人的形象表述。《庄子·天地》云:"通于天地者,德也;行于万物者,道也。"此可明"德"与"道"之依存关系。而对读老子有关得道"善士"的描写,也有助于对此"孔德之容"的理解。

本章首明"孔德之容",通篇均围绕这一主旨展开,其运用包孕法,述德于外,藏道于内,束以"以阅众甫"(即"孔德之容"),首尾相应,既形成道的外缘,又包孕微妙道心,使"道"与"德"泯然契合,相得益彰。而其中形容道心的部分,则用虚实相形法,显示有无相生之妙:恍惚、窈冥,虚以纳实;象、物、精、真,实以显虚,这也加强了老子论道明德的形象性与趣味性。

文化史扩展

精、气、神

在《老子》与其他道家书中,精处于重要的地位。老子论精,可从三方面理解:一是生成万物的灵气,意同《庄子·在宥》"吾欲取天地之精,以佐五谷,以养民人";二是精液,如同《周易·系辞下》所谓"男女构精,万物化生"之义;三是精诚、纯一,如《管子·心术下》云"形不正者德不来,中不精者心不治"。而在古代典籍中,精又与气、神组合,构成新的意义。如"精气",或指"阴阳元气",如《周易·系辞上》"精气为物,游魂为变,是故知鬼神之情状"、宋玉《九辩》"乘精气之抟抟兮,骛诸神之湛湛";或指"人之元气",如《素问·生气通天论》"阴平阳秘,精神乃治,阴阳离决,精气乃绝";或指"精诚之气",如王充《论衡·感虚》"杞梁从军不还,其妻痛之,向城而哭,至诚悲痛,精气动城,故城为之崩也"。又如"精神",指"天地万物精气",如《礼记·聘义》"精神见于山川,地也",原注:"精神亦谓精气。"指"神志"或"心志",如《庄子·列御寇》:"彼至人者,归精神乎无始,而甘冥乎无何有之乡。"指"精力""活力",如《世说新语·伤逝》:"支道林丧法虔之后,精神霣丧,风味转坠。"而在后世道教书中,精、气、神又尝合为一体,成为养身与长生之术的法宝,葛洪《抱朴子》的《畅玄》《论仙》颇有论述。后人又将道教的"精气神"说引入文学创作。如清代散文家戴名世《答伍张两生书》:"余昔尝读道家之书矣,凡养生之徒从事神仙之术,灭虑绝欲,吐纳以为生,咀嚼以为养,盖其说有三,曰精,曰气,曰神。此三者炼之,凝之,而浑于一,于是外形骸,凌云气,入水不濡,入火不爇,飘飘乎御风而行,遗世而远举,其言云尔。余尝欲学其术而不知所从,乃窃以其术而用之于文章。……今夫神仙之事,荒忽诞漫不可信,得其术而以用之于文章,亦足以脱尘埃而游于物外矣。"清代诗论家黄子云《野鸿诗的》开篇第一条就说:"导引之术,曰精气神,诗之理亦然。能鼓汉、魏之气,撷六朝之精,含咀乎《三百篇》之神者,唯少陵一人。"

二十二章

"曲则全,枉则直,洼则盈,敝则新,少则得,多则惑。"[1]是以圣人抱一为天下式[2]。不自见故明[3];不自是故彰[4];不自伐故有功[5];不自矜故长[6]。夫唯不争,故天下莫能与之争。古之所谓"曲则全"者,岂虚言哉?诚全而归之[7]。

注释

〔1〕"曲则"六句:此六句当为古语,说明事物发展的转化规律。曲,一部分。枉,弯曲。洼,低凹。惑,迷失。

〔2〕抱一:守道。一,指道。式:法式,准则。帛书本作"牧";牧,治。

〔3〕自见:自以为有见识。

〔4〕彰:显明。

〔5〕伐:夸耀。

〔6〕矜:骄满傲物。

〔7〕诚:真诚。全:即"曲则全"之全。归之:指圆满归于抱一守道之人。

二十三章

希言自然[1]。故飘风不终朝[2],骤雨不终日[3],孰为此者?天地。天地尚不能久[4],而况于人乎!故从事于道者:道者同于道,德者同于德,失者同于失[5]。同于道者,道亦乐得之;同于德者,德亦乐得之;同于失者,失亦乐得之[6]。信不足焉,有不信焉[7]!

注释

〔1〕希言:无声之言,即不言之教。

〔2〕飘风:狂风。终朝:《左传·僖公二十七年》杜预注:"终朝,自旦及食时也。"

〔3〕骤雨:暴雨。终日:同"终朝"义。

〔4〕"天地"句:指天地所为如飘风骤雨之作为,非谓天地本身。

〔5〕"故从事"四句:按:"道者"三句皆承"从事于"。俞樾认为"从事于"后之"道者"二字为衍文,甚是。德,得。失,与"得"对应;或作"天",费解。

〔6〕"同于"六句:各本歧异大,帛书作"道亦得之"等,无三"乐"字。

〔7〕"信不足"二句:此二句重出,见第十七章,释义见前。按:帛书本无此二句。

文化史扩展

道德

道德作为一个合成词,早在先秦已有,如《韩非子·五蠹》云:"上古竞于道德,中世逐于智谋,当今争于气力。"又如《礼记·曲礼上》云:"道德仁义,非礼不成。"郑玄注:"道者通物之名,德者得理之称。"比较先秦儒、道两家思想中的"道德"观,老、庄论道德更偏重于"通物"之"道",而所谓"上德""玄德"则类同"道",体现的是一种人文自然的精神。而儒家如孔、孟、荀的"道德"观,更偏重于"得理"之"德",而通于伦理思想。在儒家学者看来,"伦理"之"理"通合于"礼",是源自中国古代重血缘关系的亲缘观念,其指向于人类秩序,就是伦理政治或符合道德规范的社会。并由此产生了诸如"五伦十教"(君惠臣忠、父慈子孝、兄友弟恭、夫义妇顺、朋友有信)、"四维八德"(礼义廉耻与忠孝仁爱信义和平)、"三纲五常"(君为臣纲、父为子纲、夫为妇纲与仁义礼智信)等一系列"德目"。王国维《殷周制度论》认为:"周之制度典礼,乃道德之器械,而尊尊、亲亲、贤贤、男女有别四者之结体也,此之谓民彝。"蔡元培编写的《中学修身教科书》根据儒家学者的"兼济"与"独善"的说法,提出"道德"的积极与消极的两面性:"消极之道德,无论何人,不可不守。……盖其人苟能屏出一切邪念,志气清明,品性高尚,外不愧人,内不自疚,其为君子,固无可疑,然而尚囿于独善之范围,而未可以为完人也。人类自消极之道德之外,又不可无积极之道德,既涵养其品性,则又不可不发展其人格也。人格之发展,在洞悉夫一身与世界之种种关系,而开拓其能力,以增进社会之利福。……消极之道德与积极之道德,譬犹车之有两轮,鸟之有两翼焉,必不可偏废也。"儒家的道德观,与伦理精神、礼制社会紧密结合在一起,渐成中国古代德性文化的根本,而道家偏重于自然的道德观,则渐被淡褪与掩盖。

二十四章

企者不立[1],跨者不行[2],自见者不明,自是者不彰,自伐者无功,自矜者不长[3]。其在道也,曰:余食赘行[4]。物或恶之,故有道者不处[5]。

注释

〔1〕企:《说文》:"企,举踵也。"踮起脚尖,不着地的样子。或作"跂"。奚侗《老子集解》说:"跂训足多指,于此谊不合。"一作"炊",或疑读"欠",欠伸之义。

〔2〕跨:《说文》:"跨,渡也。"段玉裁注:"谓大其两股间,以有所越也。"就是张腿跳越的样子。

〔3〕"自见"四句:此四句与第二十二章"不自见故明"数句的句式不同,意义相近,可参读。

〔4〕余食:剩饭。赘行:赘瘤,附赘之形。"行""形"古通。

〔5〕不处:不以此自居。处,居。

问题分析

1."自伐者"的奔竞之心:形象与义理。

老子多处生动地描写大德之人与玄通善士,将体道之功用形象化。作为对立面,本章描写的"自伐者"的奔竞之状与奔竞之心,通过另一类形象的塑造,从反面即世俗之人的苦求荣宠,衬托出得道之士的清高与玄远。开篇"企者不立,跨者不行"两句,刻画出冀求奔竞恩宠者不能自立的形象。企,举踵。凡人举踵而望,意在求高,而期远望,欲满足其迫切之期待;跨,跨越,凡与人竞逐时,总欲跨步而争先。这两种行为,尽管主观上求高争远,而结果是"不立""不行",因企立与跨行,皆违反自然,故必遭挫败。继此,老子又用"自见者""自是者""自伐者"与"自矜者"四种形象说事,阐明自我扩张之失。分而述之:"自见""自是",存于内者,承"企者";企者自以为可以远见,且自为是。"自伐""自矜",现于外者,承"跨者";跨者跨步争先,欲显其先人之功,结果适得其反。所以老子以"不明""不彰""无功""不长"以示其败迹,且与上文之"不立""不行"连成一体,对违反自然而矫揉造作、欺世盗名之行为,予以鞭挞与否定。

本章对自伐者奔竞之心的刻画,采用了"隔座送钩"法,即隔章映照,以成其义理。试观书中第二十二章"不自见故明,不自是故彰,不自伐故有功,不自矜故长",对照本章的"自见者不明,自是者不彰,自伐者无功,自矜者不长",一言抱道之得,以否定词而肯定之;一言反道之失,以肯定词而否定之;二者勾连,后先相映,得失尤为分明。至于"企者不立,跨者不行"及"余食赘行",皆能近取譬而远寄义,形象生动,发人醒悟,也充分显示了老子以实言虚,以虚体实的妙谛。严复《老子道德经评点》谓"此章反明二十二章之义",堪称破的之论。

2."有道"与"有欲"内涵是什么?二者是对立的吗?

本章末句"物或恶之,故有道者不处"之"有道",为传世本所共存文字,惟帛书本作"故有欲者弗居",于是因出现"有道"与"有欲"的文字差异,产生了解读的分歧。从字面意义来看,"有道"与"有欲"是截然相反的两个概念,其理解自然背反。如刘殿爵《马王堆汉墓帛书〈老子〉初探》(原载《明报月刊》1982年8、9月号)认为:"有欲者"与"有道者"截然不同,所以"不居"的原因也不一样。不过他认为这"欲"并非老子批评的"自伐者"的奔竞,而是"大欲",是如《孟子·梁惠王》中的"统治天下的目的",这是与《老子》书中的统治术相近,所以刘氏由此肯定帛书的准确性,并推导出《老子》之传世"从早期现实思想逐渐衍变为抽象哲理的痕迹"。对此,刘笑敢《老子古今》在部分同意刘殿爵观点的同时,也提出了质疑,其中如《老子》中多次谈到"以无事取天下",安于"小国寡民"生活,很难与《孟子》中所说的"大欲"相同;此外,《老子》书比帛本更早的简本中已有了"天道""自然"类的抽象哲理,所以以"有欲"到"有道"看其由现实而抽象之衍变的说法,也很难成立。我认为,从文意来看,还宜遵循传世本"有道"为是,不必过分地尊帛书或简本而忽略传世本的真实性与价值观。因为本章的"在道"到"有道",有内在的逻辑联系,而于"有欲"反有些扞格难入。宋人吕惠卿《道德真经传》评曰:"夫道处众人之所恶,而曰物或恶之,故有道不处,何也?盖卑虚柔弱者,众人之所恶而弃之者也;高亢刚强,众人之所欲而争之者,是以不处。则或处或不处,其为不争一也。"此结合老子"处下""居柔"的思想解读"有道"之行为,深入底蕴,能使表面上之矛盾,涣然冰释。

二十五章

有物混成[1],先天地生。寂兮寥兮[2],独立不改[3],周行而不殆[4],可以为天下母[5]。吾不知其名,字之曰道[6],强为之名曰大[7]。大曰逝[8],逝曰远[9],远曰反[10]。故道大,天大,地大,王亦大[11]。域中有四大[12],而王居其一焉。人法地,地法天,天法道,道法自然[13]。

注释

〔1〕物:指道。混成:浑然一体。

〔2〕寂:无声。寥:无形。

〔3〕独立不改:指道的绝对存在。王弼注:"无物之匹,故曰独立也。返化终始,不失其常,故曰不改也。"按:多本"独立"后有一"而"字。

〔4〕周行:循环运动。不殆:不倦,不止息。殆,借为"怠"。

〔5〕天下:一作"天地"。母:母体,此指本原。

〔6〕字:表字,古代二十行冠礼,"冠而字之,敬其名也"(《仪礼·士冠礼》)。此处泛指命名的意思。严复《老子道德经评点》:"人谓之道,非自名也。"

〔7〕强:勉强。大:谓无处不在。

〔8〕曰:则,就。逝:往,指道从初点出发,运行不息。

〔9〕远:无边无际,此指道离出发点越来越远。

〔10〕反:多本作"返","反""返"古通用。指道的循环往复。

〔11〕王:傅奕本、范应元本均作"人",王弼注亦按"人"解。《说文》:"大:天大,地大,人亦大,象人形。"宜作"人"解。按:王,人中之大者,解亦通。

〔12〕域中:或作"国中""邦中",意通。四大:即道、天、地、王(人)。

〔13〕法:效法。自然:自然而然,指自然的发展规律。王弼注:"道不违自然,乃得其性。法自然者,在方而法方,在圆而法圆,于自然无所违也。"

问题

1."道法自然"的读法有异,试作分析。

本章主旨在"道法自然",这也是老子宇宙观的重要命题。然而历代有关"道法自然"的读法,却颇有差异,这也造成理解的不同。概括地说,这句话的读法主要有三种:一是"主、谓、宾"结构,即"人""地""天""道"分别居句首为主语,"法"作谓语动词,句末的"地""天""道""自然"依次为"法"的宾语。王弼注"法自然者,在方而法方,在圆而法圆",属此类读法。二是前三句即"人法地,地法天,天法道"为"主、谓、宾"结构,而末句"道法自然"不同,"自然"作谓语形容词,而"道法"则是名词作主语,即"道的法则",全句结构是"道法、自然"。河上公注"道性自然,无所法也",当作此类理解。三是以"人"为全文主语,四个"法"字皆隶属于主语"人"作谓语,而宾语则分别是"地地""天天""道道""自然",全句则为"人法地地,法天天,法道道,法自然"。唐人李约《道德真经新注序》云:"人法地地,法天天,法道道,法自然。言法上三大之自然理也。其义云'法地地',如地之无私载;'法天天',如天之无私覆;'法道道',如道之无私生而已矣。如君君、臣臣、父父、子子之例也。"近代注家对三种读法,各有遵循,可谓仁者见仁,智者见智。倘就文意而言,前两种读法较为可取,尤其是第一种读法广为接受,第三种读法虽可自解,但嫌穿凿窒碍,注家取法者甚少。

2. 说"四大"：老子对"大"的理解及其宇宙观。

老子常言"大"，言忧患则谓"大患"，言器物则谓"大器"，以及"大音""大象"等，以崇尚一种超越性的"大"。本章所言"四大"之"大"，则非仅为形容，而具有一定的实指性。王弼注："吾所以字之曰道者，取其可言之称最大也。责其字定之所由，则系于大；大有系则必有分，有分则失其极矣。故曰：强为之名曰大。""大"在这里，可理解为"道"的没有边际，无所不包的性质。然而，老子论道，宜言道大，天大，地大，何言"王大"？考索其意义，在于言述天地人同为一体，并以"王"配天、地、道，以示人与天地相参的重要作用，王为人中之大者，所以用之以代人。从社会政治的角度来看，《淮南子·道应训》记载一则故事："宁越欲干齐桓公，困穷，无以自达，于是为商旅，将任车以商于齐。暮，宿于郭门之外。桓公郊迎客，夜开门，辟任车，爝火甚盛，从者甚众。宁越饭牛车下，望见桓公而悲，击牛角而疾商歌。桓公闻之，抚其仆之手。曰：'异哉！歌者非常人也！'命后车载之。桓公及至，从者以请。桓公赣之衣冠而见。说以为天下，桓公大说，将任之。群臣争之，曰：'客，卫人也。卫之去齐不远，君不若使人问之，问之而故贤者也，用之未晚。'桓公曰：'不然。问之，患其有小恶也。以人之小恶而忘人之大美，此人主之所以失天下之士也。凡听必有验，一听而弗复问，合其所以也。且人固难全也，权而用其长者而已矣。'当是举也，桓公得之矣。故老子曰：'天大，地大，道大，王亦大。域中有四大，而王处其一焉。'以言其能包裹之也。"此就统治者用人而言，说明王能包裹臣民，亦犹道之包容万物，故能配天。这里强调人的作用，意在道与天地万物，皆因人而显。诚如《尚书·泰誓》所谓"惟人万物之灵"，《说文》释义"人，天地之性最贵者也"，老子列人为"四大"之一，正是他以人生观契入宇宙论的思想主旨。

值得注意的是,老子所言"大",乃"强为之名曰大",因为在他的宇宙观中,"道"具有形而上的模糊性与超越性。所以他承"四大"之说,提出"四法",即人法地之博厚,法天之高明,法道之周行不殆,法自然之生生不息。人、地、天、道、自然,亦可在周行中互为主客,运转不已,相互依存,密不可分。如人之需衣食以养其生,地则为人生长食物与衣料;天则时降甘露以润之;道则顺其规律以应之,使天不反时,地不反物;自然则与人共同"顺帝之则",使"天无私覆,地无私载,日月无私烛,四时无私行"。此虽四者递进相法,然以道为天地之母,自然之子,构成了以道为中心的循环系统。

本章是老子宇宙观比较完整的描述,既将天地万物皆溯源于道,而又将道纳入道之循环运动规律之中,由抽象而具体,又由具体返回抽象。作者先声夺人,以飘忽的笔法摹写出道的混成全体,像浑沌未开之状;继以"逝""远""反"示以循环运动;再以"四大"撑拄其间;束以"人""地""天""道"之递相周流,而又统摄于"自然"。就文章写作而言,老子论"大"说"道",起承转合,中间千汇万状,而首尾则混同一体,确实十分精美,且耐人寻味。

二十六章

重为轻根,静为躁君[1]。是以圣人终日行不离辎重[2],虽有荣观[3],燕处超然[4]。奈何万乘之主[5],而以身轻天下[6]。轻则失本[7],躁则失君[8]。

注释

〔1〕躁:急躁,躁动。君:主宰。

〔2〕圣人:多本作"君子"。不离辎(zī)重:比喻行事持重。辎,衣车。重,重物。一说行军所带粮食、装备等用品。

〔3〕荣观:河上公注:"荣观,谓宫阙。"按:帛书本作"环馆"。高亨认为:"荣、环均当读营。营,周垣也,围墙也。观,当读为官,官即古馆字,宫室也。"解说甚多,从此说。

〔4〕燕处:犹燕居,优游闲居的意思。燕,一作"宴"。超然:指不陷溺其中。

〔5〕万乘(shèng):一万辆兵车。古代大国发动战争可以动用万辆战车。主:一作"王"。

〔6〕以身轻天下:意为轻率躁动以临天下。苏辙《老子解》谓:"人主以身任天下,而轻其身,则不足以任天下矣。"其说甚是。

〔7〕本:或作"根",或作"臣"。按:《韩非子·解老》引作"轻则失根"。

〔8〕君:与"静为躁君"之"君"义同。

文化史扩展

乘与车马制度

古代车辆叫乘,春秋时代甲车一乘,配甲士三人,步卒七十二人。《诗·小雅·六月》:"元戎十乘,以先启行。"乘又与马结合,构成车马制度。古战车一乘四马,所以又尝以乘为四的代称。万乘,指万辆车。陈琳《神武赋》:"六军被介,云辎万乘。"按照周朝的制度,天子地方千里,出兵车万乘;诸侯地方百里,出兵车千乘。故以万乘称天子。《孟子·梁惠王上》:"万乘之国,弑其君者,必千乘之家。"又,张衡《东京赋》谓"虽万乘之无惧,犹怵惕于一夫",傅玄《汉高祖画赞》"超从侧陋,光据万乘",皆指君主、帝位。周朝时车的种类已多,春秋战国间战车发展较快,按用途又有所谓"旄车""轻车""阙车""屏车""广车",统称"五戎"。汉以后,车类增多,基本完成了古代的车制。汉车大体分三类,即"小车"(马车)、"大车"(牛车)和手推车。其中马车类可考实的又有"斧车"(一马拖乘的兵车)、"轺车"(轻便快速的小马车)、"施轓车"(类似轺车的一种)、"轩车"(三公与列侯坐的轻便马车)、"軿车"(带帷幔的篷车)、"辎车"(一种双曲辕驾单马的带篷车)、"辇车"(载重货车)、栈车(以竹木条编舆的篷车)等。他如皇帝乘坐的玉辂、皇太子与诸侯王乘坐的玉青盖车、皇帝行籍田礼时的耕车、仪仗队用的"鼓吹车"、百戏表演时的"戏车"、行猎用的"猎车"、丧葬用的"辒辌车"、载猛兽或犯人用的"槛车"等,在形制工艺方面均有不同。汉以后,车的种类仍有创造发明,如三国蜀相诸葛亮在辒车基础上发明了"木牛流马"以运输粮草,唐代普遍使用各种"牛车",宋代制造了运载货物的"太平车",明清时期的"骡车",皆在改进中更为便捷实用。由于交通工具的发明与发展,为了符合礼制社会的等阶,古代制定的车马制度非常严格。如车行，汉代朝臣出任地方官太守，食禄二千石，出行驷(四)马所驾之车，加左骖，"以为五马"(《汉官仪注》)。又如车盖，据《后汉书·舆服志》记载：二百石以下小吏用白布盖，三百石以上用皂布盖，千石以上用皂缯盖，天子为黄盖。由于车行加盖，标志官阶等级，所以"冠盖"也是官宦的代称，杜甫《梦李白》诗云"冠盖满京华，斯人独憔悴"，正取此意。

二十七章

善行无辙迹[1],善言无瑕谪[2],善数不用筹策[3],善闭无关楗而不可开[4],善结无绳约而不可解[5]。是以圣人常善救人[6],故无弃人[7];常善救物,故无弃物[8]。是谓袭明[9]。故善人者不善人之师,不善人者善人之资[10]。不贵其师,不爱其资,虽智大迷,是谓要妙[11]。

注释

〔1〕无辙迹:喻不着痕迹办好事。辙迹,车辙马迹。按:多本"善行"后有"而"字。

〔2〕善言:即不言之言。瑕谪(xiázhé):疵病,过失。

〔3〕数:多本作"计",义同,指计算。筹策:即筹与策,两种计算工具。

〔4〕闭:关。关楗(jiàn):门闩。楗,通"键"。

〔5〕绳约:绳索。约,《仪礼·既夕礼》郑玄注:"约,绳也。"

〔6〕救:拯救。

〔7〕弃:抛弃。

〔8〕物:事。《孟子·尽心上》:"万物皆备于我。"赵岐注:"物,事也。"

〔9〕袭明:因循常道和智慧。袭,因。明,智慧。

〔10〕资:凭借,借鉴。

〔11〕要妙:即幽妙,深远微妙。帛书本作"眇要",义同。要,同"窈""幽"。

问题分析

说"善":"善人""善行"与"不善人",其间有逻辑联系吗?

"善"是先秦哲学中重要的概念,其与"真""美"并列,构成古代人们追求的完美的道德规范。在老学中,尤重"真"(信)与"善","善"字在传世本《老子》中共出现五十余次,可见使用频率之高。在儒家的著述中,"善"是道德修养的最高准则,如《论语·八佾》谓"子谓韶,尽美矣,又尽善也;谓武,尽美矣,未尽善也",以此区分舜乐与武乐,可见许可之慎。又《论语·述而》"善人,吾不得而见之矣",可见善人标准之高。再如《孔子家语·六本》记载:"故曰:与善人居,如入芝兰之室,久而不闻其香,即与之化矣。"说明与善人相处之潜移默化,可见功化之极。老子所言之"善"与此大同小异,同者是视"善"为至高之境界,不同者在于更重本根之"善",而非行为之"善",所以其中更多的是对醇朴与无为的赞美。

在本章中,老子用"行""言""数""闭""结"五动词拟状五行为,然皆冠以"善",即指善人的五种行为举措。可是我们看他所言的善人之善行究竟怎样呢?"善行"如浮云过眼,不见辙迹;"善言"如飘风过耳,不见瑕谪;"善数"如四时运行,不见筹策;"善闭"如夜幕降临,不见关键;"善结"如星辰系天,不见绳约。故以不行为行,始为善行;以不言为言,始为善言;以不数为数,始为善数;以不闭为闭,始为善闭;以不结为结,始为善结。这完全符合老子的不用为用,无为自然之道。而下文所言"圣人常善救人",乃以不救为救,故无救之迹相,诚如美玉蕴璞,众莫能知。这里的"善救人"与"善救物",与上文的"五善"为体用关系,"善行""善言""善数""善闭""善结",是为了"善救人""善救物",及至"无弃人""无弃物"之境。文末再以"善人"与"不善人"相形:"善人"资藉于"不善人"而显其为"善人";"不善人"师法于"善人"而显其为"不善人"。所以有道者不贵其师,不爱其资,即不欲自我显露,虽善而不自名为善,亦不藉他人之不善以形己之善,更不欲以不善加诸他人。如此,则人我浑然一体,已虽大智,亦若大迷。这正是老子借"善""善人""善行"与"不善人"说事,以阐发其要妙之道。吴澄《道德真经注》云:"善行、善言、善计(数)、善闭、善结、善救人、善救物,此七者,圣人不可名之善也。善人、不善人二者,此常人两可名之善不善也。不彰其不可名之名者,是谓袭明;不分其两可名之名者,是谓要妙。"这一解释,颇近老子的旨意。

文化史扩展

师、儒之教

老、庄哲学以"法自然"为原则,所以其"不贵其师",具有鄙薄儒家的"师法"传统的意义。而中国古代的传统教育,尤其是以儒家为代表的重视师法传统的教育思想,实源自师、儒之教。考察儒家的"儒"字,起于周代的官制。据《周礼·天官·大宰》的职守,在于"掌建邦之六典",其中"二曰教典",具体是"以九两系邦国之民……三曰师以贤得民,四曰儒以道得民"。所谓"儒",郑玄注:"诸侯保氏有六艺以教民者。"孔颖达疏:"儒以道得民者,诸侯师氏之下,又置一保氏之官。不与天子保氏同名,故号曰儒,掌养国子以道德,故云以道得民。民,亦谓学子也。"考查周代教育官制度,天子有"师氏""保氏""乐氏"等职,师氏教"三德"(即"至德以为道本""敏德以为行本""孝德以知逆恶")、"三行"(即"孝行以亲父母""友行以尊贤良""顺行以事师长");保氏教"六艺"(五礼、六乐、五射、五御、六书、九数)、"六仪"(祭祀之容、宾客之容、朝廷之容、丧纪之容、军旅之容、车马之容);乐氏教"乐德"(中、和、衹、庸、孝、友)"乐语"(兴、道、讽、诵、言、语)、"乐舞"(云门、大卷、大咸、大磬、大夏、大濩、大武等)。到了东周之世,天子失官,学在"四夷"(地方),所以诸侯设有教职"师"与"儒",师同天子师氏,儒同天子保氏,儒家所尊奉的师、儒之教,且儒门教育重"保氏"所授内容(如六艺),正基于此。所以《周礼·地官·大司徒》有"师儒"联称,柳诒徵《中国文化史》第二十章《文字与学术》引俞樾说:"师者,其人有贤德者也;儒者,其人有伎术者也。"又引孙诒让《周礼正义》:"师则泛指四民之有德行技艺足以教人者而言。……儒则泛指诵说《诗》《书》,通该术艺者而言,若《荀子·儒效》所称俗儒、雅儒、大儒。道有大小,而皆足以得民,亦不必皆有圣贤之道也。"这些兼言"道"与"技"的解释,对我们了解古代的师、儒之教,是有帮助的。

二十八章

知其雄,守其雌[1],为天下谿[2]。为天下谿,常德不离[3],复归于婴儿。知其白,守其黑,为天下式[4]。为天下式,常德不忒[5],复归于无极[6]。知其荣,守其辱,为天下谷[7]。为天下谷,常德乃足,复归于朴。朴散则为器[8],圣人用之,则为官长[9]。故大制不割[10]。

注释

〔1〕其:代词,指代人。按:本章六个"其"字,均指明白此道理的人。雄:喻刚强。雌:喻柔弱。《说苑·敬慎》引《金人铭》有"执雌持下"语,与此意近。

〔2〕谿:"溪"的异体字,沟溪,喻处位卑下。

〔3〕常德:恒常德性,本性。常,帛书本作"恒"。

〔4〕式:王弼注:"式,模则也。"即楷模。按:此章自"守其黑"至"知其荣",易顺鼎以为"后人窜入之语",陈鼓应《老子注译及评介》从其说,可以参考。

〔5〕忒(tè):差错,过失。

〔6〕无极:王弼注:"不可穷也。"此指元始的境界。按:宋人周敦颐有"无极生太极"说,"无极"取自此,乃以《老》解《易》。

〔7〕谷:同前"谿"字义。

〔8〕朴散以为器：指道散而为万物。朴，喻道。器，喻物。

〔9〕官长：一解"百官"，一解"人君"，以后者为佳。指以道治天下的人君。

〔10〕大制不割：谓高明的管理在于因循自然，而不困束于人为的规章制度。制，管理。割，分割。一说"制"为"製"，指裁衣，亦可通。

问题分析

为什么要"知其雄，守其雌"？

老子在本章提出了一个独特而有意义的命题，即"知其雄，守其雌"。就大体而言，知雄守雌是说圣人守本御末之道，以下"知其白，守其黑""知其荣，守其辱"，皆同一种句法，同一种意义。所谓"知雄守雌"，等同知刚守柔，然而"守柔曰强"（第五十二章）、"柔弱胜刚强"（第三十六章），可知"守雌"是为了胜雄。所谓有刚才有柔，有阳才有阴，有雄才有雌，二对是对待的关系，构成自然与社会的两大元素。《周易·系辞上》所谓的"一阴一阳之谓道"，与老子擅长以刚柔、雄雌论道的思想一致，具有宇宙的本根意识。而"守雌"的观点，作为持阴或持阳的一个方面，也不仅见于《老子》。据郑良树《〈金人铭〉与〈老子〉》一文的考述，《说苑·敬慎》引《金人铭》有"执雌持下"语，此语又引见《孔子家语·观周》，与老子的主张相近。老子为什么要持柔守雌？就其学术思想而论，《老子》书中确实一以贯之地坚守着雌柔原则。具体而论，我想有三方面值得申述：

一是体"道"的宇宙观使然。老子言"道"，最重空灵玄妙，谓之"天门"，谓之"谷神"，谓之"玄牝"，皆采用雌性形象，有人说这表现老子思想中母系社会古老文化的遗存，也不无道理。

二是论"世"的社会观使然。老子论自然与论社会，并不反对秩序，但他厌恶人为矫作的秩序，厌恶不符合"天之道"的"人之道"的欺诈、压迫，以及对人性本真的玷污与扭曲。中国古代的社会秩序论，是缘于自然论的,人们习惯用人类的两性与天地阴阳结合,构成社会性的伦理文化图式。《易·序卦》有段经典论述:"有天地然后有万物,有万物然后有男女,有男女然后有夫妇,有夫妇然后有父子,有父子然后有君臣,有君臣然后有上下,有上下然后礼义有所措。"对此派生图式,并由此构建的阴阳和谐的社会,老子并没有异议,问题在这一图式建构的过程中,具有男性特征的主动、强悍、独立、凌压,构成王权特征,形成了一种不平与压抑,老子由此倡导柔韧、谦下、虚静的具有女性特征的品德,正具有社会批判的意识与矫枉的作用。

三是论"性"的人生观使然。老子的人性论与孟子、荀子的"性善""性恶"不同,他主张的是自然人性论,既然是自然人性,必遵阴阳和谐的原则,可是现实人性的彰显,又必然受到社会强力的干扰,所以老子对人性的态度也就因缘于社会批判意识,以雌柔的原则来矫正雄强的外力,归复人性的本真。正因为老子对人的本质强调了雌柔或慈柔的原则,所以他的人性论也就具有了性别意识,"守其雌"正可视为这样一种文化的象征符号。

二十九章

将欲取天下而为之[1],吾见其不得已[2]。天下神器[3],不可为也。为者败之,执者失之[4]。故物或行或随[5],或嘘或吹[6],或强或羸[7],或挫或隳[8]。是以圣人去甚,去奢,去泰[9]。

注释

〔1〕取天下:即治理天下。取,治。为:作为,人为。

〔2〕不得已:得不到,或不能得到。已,语尾助词。

〔3〕天下:指政治实体。神器:神圣之物,此指掌管天下。

〔4〕执:把持。失:丧失。按:易顺鼎认为"不可为也"后应有"不可执也"句,与"执者失之"对应。刘师培据王弼注与《文子》引,赞成易说,后人颇有同此说者。帛书本此章则同传世本,无此句,故易说虽合逻辑,却恐非原貌。

〔5〕行:前行。随:后随。

〔6〕嘘:缓气。吹:急气。《玉篇》引《声类》:"出气急曰吹,缓曰嘘。"河上公注:"嘘(呴),温也。吹,寒也。"意指缓嘘而暖,急吹而寒。

〔7〕强:强大。羸(léi):弱小。

〔8〕挫:一作"载",小挫败。隳(huī):危险,毁坏。河上公注:"载,安也。隳,危也。"

〔9〕甚:过分安乐。奢:过分享受。泰:过分行为。一作"太"。

问题分析

为什么说"天下神器,不可为也"?

有关本章的主旨,诸多学者视为统治术,观其"取天下"之意,庶几近之。然而综观全文,深察其理,其实质仍是老子自然观的人文化,其"天下神器,不可为也"正是这种观点的体现。关于"神器",有两种解释:一是具体的解释,指的是莅临天下的"帝位"。杨树达《增补老子古义》引《文子·道德》以证其义:"文子问曰:'古之王者以道莅天下,为之奈何?'老子曰:'执一无为,因天地与之变化。天下,大器也,不可执也,不可为也;为者败之,执者失之。执者,见小也;见小,故不能成其大也。无为者,守静也;守静能为天下正。'"根据这一理解,主宰天下之帝位的转移,要顺乎自然法则及人心趋向,非人力所能强争,所以加以神化。神器本不可为而为之,则必然出现乱兴而不可弭的局面。一是宽泛的解释,或指"天下"这神圣的东西,或指自然主宰中的神妙的器物。从这种理解来看,老子继论"物或行或随"的诸多形态,实与"道之为物,惟恍惟惚"相近,是以抽象论道为出发点,而参证以圣人治世之行为与态度的。王弼注云:"万物以自然为性,故可因而不可为也,可通而不可执也。物有常性而造为之,故必败也。物有往来而执之,故必失矣。"由此万物自然为性,来理解"天下神器,不可为也",或许更为圆通。

文化史扩展

神器 九鼎 玉玺

老子所说的"天下神器"的"神器",有多种解说:解作"神异的器物",如王弼注:"神无形无方也,器合成也。无形以合,故谓之神器也。"此神器类同神物,《周易·系辞上》"天生神物,圣人则之",取义同此。或解作"人",如河上公注:"器,物也,人乃天下之神物也;神物好安静,不可以有为治。"另一种解释就是"帝位"的象征,也指玺符之类。班彪《王命论》谓:"游说之士,至比天下于逐鹿,幸捷而得之,不知神器有命,不可以智力求也。"又如张士然《为吴令谢询求为诸孙置守冢人表》:"破董卓于阳人,济神器于甄井。"《文选》李善注引韦昭说:"神器,天子玺符也。"中国古代由宗法分封制到宗法君主制,"家天下"的性质特别注重"敬宗"的意义,所以获得最高统治地位者无不假"天命"而自奉,推翻前朝谓之"革命",建立新朝谓之"受命",而受命又要有一象征物,就是神器,所谓"九鼎""玉玺"都属于这种性质。

所谓"九鼎",是古代象征国家政权的传国之宝。《史记·孝武本纪》:"禹收九牧之金,铸九鼎。"传说商汤王迁九鼎于商邑,周武王又迁之于洛邑。战国时,秦、楚都有兴师到周求鼎之事。周显王四十二年(前327),宋大丘社亡,九鼎没于泗水彭城下。相传汉武帝时得宝鼎,亦称"神鼎",《史记·封禅书》记载:"闻昔泰帝兴神鼎一,一者壹统,天地万物所系终也。"汉武帝因获宝鼎,故大祭"泰一"之神,并改年号为"元鼎"。到唐武后万岁通天二年(697)、宋徽宗崇宁三年(1104),又曾铸九鼎。金兵南下,掠取九鼎北徙,后下落不明。

"玉玺"就是皇帝的玉印。古代印、玺通称,以金质或玉质为之。自秦以后,以玉为玺,为皇帝专用,所以也喻指帝位,且具有了神圣的意义。"玉玺"又以"神玺"为贵。《隋书·礼仪志》:"皇帝八玺,有神玺,有传国玺,皆宝而不用。"《新唐书·车服志》:"天子有传国玺及八玺,皆玉为之。神玺以镇中国,藏而不用。"这也表明所谓"神鼎""神玺"皆属于"神器",具有象征性与神圣性。

三十章

以道佐人主者[1],不以兵强天下[2]。其事好还[3]。师之所处,荆棘生焉[4]。大军之后,必有凶年[5]。善[6],有果而已[7],不敢以取强[8]。果而勿矜[9],果而勿伐[10],果而勿骄,果而不得已,果而勿强。物壮则老[11],是谓不道,不道早已[12]。

注释

〔1〕佐:辅助。诸本多无"者"字。

〔2〕兵强:耀武扬威的意思。强,逞强。天下:多本此二字前有"于"字。

〔3〕好(hào):喜好。还:返,复。王弼注:"有道者务欲还反无为。"这句话的解释歧义较多,简本"其事好还"接"果而勿强"后,与诸本异。

〔4〕荆棘:带刺的灌木,此指耕地荒芜的后果。一作"楚棘",古书荆、楚同义。

〔5〕"大军"二句:帛书本无此二句。凶年,荒年。

〔6〕善:指善用兵的人。

〔7〕果:胜。王安石《老子注》:"果者,胜之辞也。"而已:而止。

〔8〕取强:即逞强。

〔9〕矜:自满。

〔10〕伐:自夸。

〔11〕老:衰。物壮则老,事物壮大,就要衰亡。

〔12〕"是谓"二句:魏源《老子本义》:"物壮则老,此天道也,而违之者是不道矣,宜其暴兴者必早已也。"不道,不合于道。

三十一章

夫唯兵者不祥之器[1]。物或恶之[2],故有道者不处[3]。君子居则贵左,用兵则贵右[4]。兵者不祥之器,非君子之器,不得已而用之。恬淡为上[5],胜而不美[6],而美之者,是乐杀人[7]。夫乐杀人者,则不可以得志于天下矣。吉事尚左,凶事尚右[8];偏将军居左,上将军居右。言以丧礼处之,杀人之众,以哀悲莅之[9]。战胜,以丧礼处之。

注释

〔1〕唯:一作"佳",或作"美"。高亨《老子正诂》引王念孙说:"'佳'当作'隹'字之误也。'隹'古唯字。"又,高亨《老子注译》谓:"自汉以来,即有'佳兵不祥'之论。佳犹美也。自美其兵善战,是谓'佳兵',与'胜而不美'相反,故言'佳兵不祥。'"可见两说兼有。兵:兵事。一说兵器,不妥。

〔2〕物:指人。或:则。恶:厌恶。

〔3〕处:依靠,接近。

〔4〕"君子"二句:《诗·小雅·裳裳者华》毛传:"左阳道,朝祀之事;右阴道,丧戎之事。"阳生而阴杀,所以居"贵左",兵"贵右"。贵左,以左为贵。贵右,以右为贵。按:此两句高亨认为应移至"则不可以得志于天下矣"之后,于理

较顺。

〔5〕恬淡:吴澄《道德真经注》:"恬者,不欢愉;淡者,不浓厚。谓非其心之所喜好也。"

〔6〕胜而不美:或作"故不美也"。不美,不以为美,意指不把它看作美事。

〔7〕乐:喜好,乐趣。

〔8〕"吉事"二句:尚:上,以……为上。古礼朝祀之事(吉礼)以左为上位,凶丧之事以右为上位。吉,吉礼。凶,凶礼;一作"丧"。

〔9〕哀悲:一作"悲哀"。莅(lì):临场,此取对待的意思。王弼本原作"泣",帛书本作"立",简本作"位",是"莅"的省字,今据诸本改。

问题分析

1. "唯兵"与"佳兵":从文字之异引发的思考。

本章开篇之"唯兵"与"佳兵"颇有争议,注文已有说明,但两者的理解,还可以再为申述。所谓"佳兵",指好用兵。《集韵》《韵会》均释"佳"为"美也,好也"。《广雅》:"佳,劳也。"义近可通。清人王念孙《老子杂志》云:"《释文》:'佳,善也。'河上云:'饰也。'念孙按:'善''饰'二训,皆于义未安。古所谓兵者,皆指五兵而言,故曰:'兵者不祥之器。'若自用兵者言之,则但可谓之不祥,而不可谓之'不祥之器'矣。今按'佳'当作'隹'字之误也。'隹'古'唯'字也。唯兵不祥之器,故有道者不处。上言'夫唯',下言'故',文义正相承也。"王氏之说,虽训义清晰,但以"佳兵"为误,尚可辨析。在汉人著述中,已有佳兵不祥之语,傅奕本作"美兵",是以"佳"为"嘉"之借文。陈子昂《送别崔著作东征》:"王师非乐战,之子慎佳兵。"则明用古本旧典。此外,王念孙理解"兵"为兵器,对用兵者即不应谓之器,亦欠斟酌。器,可解作器识、器量。《论语·八佾》:"管仲之器小哉。"朱熹注:"器小,言其不知圣贤大学之道,故局量褊浅,规模卑狭,不能正身修德以致主于王道。"此即指人的器量,所以不祥之器可指人,而非指物。佳兵为不祥,而佳兵之器识自亦不祥。因此,文中"佳兵""唯兵",两解均可。

2. 从"兵者不祥"谈《老子》的兵书性质。

老子在前章与本章中,多论兵之语,如前章之"不以兵强天下","师之所处,荆棘生焉。大军之后,必有凶年";本章之"兵者不祥之器","用兵则贵右","战胜,以丧礼处之"等,再结合其他章节有关兵法之论,如"善战者不怒"(第六十八章)、"用兵有言:'吾不敢为主而为客,不敢进寸而退尺'"(第六十九章)、"天之道,不战而胜"(帛书本第七十三章)、"虽有甲兵,无所陈之"(第八十章)等,所以有《老子》为兵书一说。如唐人王真作《道德经论兵要义述》,其于上奏《叙表》中就明确说:《老子》"深衷微旨,未尝有一章不属意于兵也"。继后,亦有将《老子》与《孙子》比较,明其兵略之异同。关于《老子》的兵书性质,虽不能如王真所说"未尝有一章不属意于兵",然其论兵之语,说兵之法,特别是用兵韬略,确实充斥其中,究其原因,我以为可从以下三方面理解:第一,老子所处衰周之世,列国兼并,弱肉强食,而变更兵制,扩军备战,攻城掠地,司空见惯,所以老子论道,戟指现实,必然面视战乱现实,关注用兵韬略与其得失,批判"兵者不祥",是非常自然的。第二,《老子》与《孙子》最近处,在于辩证思想,而先秦诸子中的辩证思想,又以兵书为最,所以《老子》中诸如"将欲歙之,必固张之;将欲弱之,必固强之;将欲废之,必固兴之;将欲夺之,必固与之"(第三十六章)类辩证的人生哲思,也与兵法相通,视为用兵韬略,亦不为过。第三,老子论兵所表现出的反战思想与和平主义理想,统率于他的"道法自然"的理念,而这一点,又与中国古代兵书有着共通性。如《六韬》论用兵之道,首在得人心,次在政治攻心,再次在用兵谋略。《尉缭子》议武以为"有以道胜,有以威胜,有以力胜"。正是历代兵书中倡导的"圣人"用兵的道理,才使讲武习艺与儒雅风流并行不悖,被中国人奉为两大生存准则。老子论兵,诚以道胜,所以他的兵书性质,只能视为其抒写策略,是其道书性质的表面现象。

文化史扩展

1. 左、右

老子说"君子居则贵左,用兵则贵右",与古礼有关。古人认为左阳右阴,阳生而阴杀。《诗·小雅·裳裳者华》毛传:"左阳道,朝祀之事;右阴道,丧戎之事。"阳生而阴杀,所以居"贵左",兵"贵右"。所谓的"贵左""贵右","尚左""尚右","居左""居右",都属于古代的礼仪。又,古代以右为尊,故称所重者为右。如《史记·田叔列传》:"上尽召见,与语,汉廷臣无能出其右者。"古人尚武,所以有左文右武之说,《史记·平津侯主父列传》:"守成尚文,遭遇右武。"作为方位词,左右之尊在古代也无定准。有时贵右,如《史记·廉颇蔺相如列传》记载,赵王"以相如功大,拜为上卿,位在廉颇之右"。有时贵左,如《仪礼·乡射礼》"左玄酒"注云:"设尊者北面,西曰左,尚之也。"古代座位,面向南则东为左,面向北则西为左。

2. 古代的兵书

在古代浩瀚的文献典籍中,军事文化主要记载于两类著述:一是史书,如班固《汉书·艺文志》中有《兵书略》,收录兵书目录53家790篇,综括兵家为"权谋""形势""阴阳""技巧"四类,并分而述之。即"权谋者,以正守国,以奇用兵,先计而后战,兼形势,包阴阳,用技巧者也";"形势者,雷动风举,后发而先至,离合背向,变化无常,以轻疾制敌者也";"阴阳者,顺时而发,推刑德,随斗击,因五胜,假鬼神而为助者也";"技巧者,习手足,便器械,积机关,以立攻守之胜者也"。继此,历代史书的《兵志》,均收录和记载了历朝的军事文献和思想。二是兵书,清人编《四库全书》,"兵家类"收录了历代主要兵书20种,分别是:《握奇经》(旧题风后撰)、《六韬》(旧题周吕望撰)、《孙子》(周孙武撰)、《吴子》(周吴起撰)、《司马法》(旧题齐司马穰苴撰)、《尉缭子》(周尉缭撰)、《黄石公三略》(旧题下邳神人撰)、《三略直解》(明刘寅撰)、《黄石公素书》(旧题宋张商英注)、《李卫公问对》(唐李世民问、李靖对)、《太白阴经》(唐李筌撰)、《武经总要》(宋曾公亮、丁度等奉敕编)、《虎钤经》(宋许洞撰)、《何博士备论》(宋何去非撰)、《守城录》(宋陈规事迹录)、《武编》(明唐顺之编)、《阵纪》(明何良臣撰)、《江南经略》(明郑若曾撰)、《纪效新书》(明戚继光撰)、《练兵实纪》(明戚继光撰)。此外,比较著名的尚有明末孙承宗编的《车营扣答合编》、清人记述施琅攻占台湾战略战术的《靖海纪事》,以及魏源的《圣武记》与《道光洋艘征抚记》、丁拱辰的《演炮图说》等,皆是古代兵书重要文献。这些兵书,比较详细地记载了我国古代的兵制、兵略、兵法与兵器。宋元时代武举考试,《孙子》《吴子》《六韬》《司马法》《黄石公三略》《尉缭子》和《李卫公问对》为必读必考,称"七书"。

三十二章

道常无名[1]。朴虽小[2],天下莫能臣也[3]。侯王若能守之,万物将自宾[4]。天地相合,以降甘露[5],民莫之令而自均[6]。始制有名[7],名亦既有[8],夫亦将知止,知止可以不殆[9]。譬道之在天下,犹川谷之于江海[10]。

注释

〔1〕常:原本。无名:指没有任何形式可称。

〔2〕朴:喻道。小:精微。指道超形象、超感觉的状态。

〔3〕莫能臣:一作"不敢臣"。臣,使动用法,即使臣服。

〔4〕自宾:自愿宾服于道。宾,服从,归顺。

〔5〕降:帛书本作"俞",简本作"逾",读作"输"。"输"训坠,与"降"义同。

〔6〕均:均匀,公平。

〔7〕制:管理。名:名分。

〔8〕亦既:一当,一经。亦,犹"一"。有:指名分的建立。

〔9〕知止:了解道的所在,而不因名而弃实。殆:危险。

〔10〕川谷:简本作"小谷"。于:多本作"与"。马其昶《老子故》解说:"水止于江海而不溢,人止于道则不殆。"此言守道的效果。

问题分析

"始制有名"与"知止不殆",不同的注释,不同的理解。

本章前人题为"圣德",取义于道"始制有名",名之为德,亦即"有名,万物之母"。我们知道,老子认为道化生万物,而理解道的所在(知止),就能够圣德永恒(不殆),覆载衣被。所谓"始制有名",言圣人制名而不忘本。然对此解说甚多,值得引述。王弼注:"始制,官长不可不立名分以定尊卑,故始制有名也。"傅山《读老子》承此说并有所发挥:"'制'即'制度'之'制',谓治天下者初立法制。……后世之据崇高者,只知其名之既立,尊而可以常有。天下者,非一人之天下,天下之天下也。"这显然是借老子之说,抒发自己的现实情怀。另一种如林希逸等注文,以"始"为万物的开端,始制有名,即"朴散则为器"(第二十八章)的意思。我认为第一种说法比较切实,第二种说法比较通悦,对理解老子绾合宇宙、人生观的论述,不无助益。至于"知止不殆",解读的重点在"知止"。蒋锡昌《老子校诂》解释这句说:"言世界既有名号,则庶业其繁,饰伪萌生,为人君者,亟应知止勿进也。知止之道奈何?即行无为以返于泰初之治,二十八章所谓'复归于朴',三十七章所谓'化而欲作,吾将镇之以无名之朴'也。"可见"知止"二字,为修身之大工夫,此与儒家的"止于至善"(《礼记·大学》)、佛家的止(扫除妄念)观(明辨事理)法门,有异曲同工之妙。唯蒋氏所解人君治国,亦可返归自然之道,万物庶类繁多,而当统合于道,这正是本章末句所言"譬道之在天下,犹川谷之于江海"的境界。

文化史扩展

朴

对"朴"的解释,明代释德清《老子道德经解》说:"'朴'乃无名之譬。木之未制成器者，谓之'朴'。"由此，也就可以释为朴素、质朴之义。老子所说的"朴散以为器"，作此解释，当无疑义。而另有一说，则值得关注。据《说郛》引《神异经·东南荒经》记述一种叫做"朴父"的阴阳神，其文是："东南隅大荒之中有朴父焉，夫妻并立，其高千里，腹围自辅。天初立时……并立东南。男露其牡，女张其牝，气任妙人，不畏寒暑。"萧兵、叶舒宪《老子的文化解读》认为"朴父"即"匏瓜"类植物，与玄牝、谷神具同等意义。而在中国历史典籍和神话传说中，有许多古代人物被认为是陶器的发明者，最有名的当以神农、舜、老子、雷公以及宁封子为代表。其中宁封子在传说中不仅是黄帝时负责陶器生产制作的官吏，而且后来又被道教奉为神仙。同样，在古代诸神中，伏羲、女娲、盘古均以"葫芦形"神与陶器制作（多葫芦形瓶）相关，盘古即"盘瓠"，伏羲经闻一多《伏羲考》的考证，亦葫芦的化身，女娲"抟黄土造人"的传说，更是先民制陶的生活写照。由此再看前引"朴父"与"匏瓜"的关系，老子之"朴"的原神意义（道），并非天方夜谭，而是值得注意的。

三十三章

知人者智^[1],自知者明^[2]。胜人者有力^[3],自胜者强^[4]。知足者富^[5],强行者有志^[6]。不失其所者久^[7],死而不亡者寿^[8]。

注释

〔1〕知:察知。

〔2〕明:高明。指高明之人,不在知人,而在自知。

〔3〕力:力量,指胜人之力。

〔4〕强:即第五十二章"守柔曰强"之"强"。

〔5〕知足:不贪恋,同知足常乐义。富:富有,此指心理充实。

〔6〕强行:勤能励行。王弼注:"勤能行之,其志必获。"

〔7〕所:处所,指自己的位置,或立场。

〔8〕亡:帛书本作"忘"。死而不亡,亦即死而不朽。王弼注:"身没而道犹存。"

三十四章

大道泛兮[1],其可左右[2]。万物恃之而生而不辞[3],功成不名有[4],衣养万物而不为主[5],常无欲[6],可名为小[7]。万物归焉而不为主[8],可名为大[9]。以其终不自为大,故能成其大。

注释

〔1〕泛:《广雅·释言》:"泛,普也。"此指道体广大,如水之泛滥。帛书本"道"前无"大"字。

〔2〕左右:《诗·周南·关雎》"左右流之",朱熹注:"左右无方以流之。"此指道之无方无际。一说"左右"即"佐佑",即道"可以佐佑人主",见徐梵澄《老子臆解》。可参考。

〔3〕恃:依仗。不辞:不说,无声响。

〔4〕"功成句":当为"功成不有","名"字为衍文。

〔5〕衣养:包育。一作"衣被",覆盖的意思,义同"衣养"。

〔6〕常无欲:此三字或以为衍文。

〔7〕为小:对应下文"为大",或作"于小"。王弼注:"万物各得其所,若道无施于物,故名于小矣。"

〔8〕归:归附,依靠。

〔9〕"可名"句:为大,或作"于大"。王弼注:"万物皆归之以生,而力使不知其所由,此不为小,故复可名于大矣。""可名为大"后,帛书本作"是以圣人之能成大也",文意较顺。

问题分析

1. 为什么说"大道泛兮,其可左右"?

本章言道之体用,以"水"喻之,是老子的常用取譬方法。泛,通常解作"水涨溢延漫",自然可以,但结合老子文意,则不及作"虚舟浮泛"解更为贴切。《庄子·列御寇》:"饱食而遨游,泛若不系之舟,虚而遨游者也。"成玄英疏:"惟圣人泛然无系……譬彼虚舟,任运逍遥。"此言大道如泛然不系之舟,逍遥于无何有之乡,以《庄》解《老》,亦可见其相承相通之意。"其可左右",言道之无所不在,也内涵老子"天之道,损有余而补不足"(第七十七章)的谦下精神。《诗·小雅·裳裳者华》所言"左之左之,君子宜之。右之右之,君子有之",亦可借以加深理解老子论"道"的"功成不名有","衣养万物而不为主"的胸襟气象。

2. "道"也可以有小大之辨吗?

老子论道,多作形而上的探求,但为说明问题,取实证意义,往往也"强为之容",如"大"即道之形容的一种显现。本章论"道"明小大之辨,同样是一种"强为之容"的方式,也就是"可名于小"与"可名于大"。在老子看来,道"功成""衣养万物""万物归焉",不可谓不大,而其"不名有""不为主",是以之所以衣养万物者,乃自然无心的微妙之"朴",故又可名为小。而"万物归焉而不为主",是无所不容,物莫能外,此又"小"中有"大"。因为,名小而自守于小,则大;名大而有为于大,则小。至于在《老子》书中,道之大者词语系列如"万物作"

"为""功成""生""长""功成事遂""万物归""能成大",道之小者词语系列如"弗始""弗恃""弗居""弗有""弗宰""不名有""不为主""不为大",皆名实之"名",并非老子所说"道"的本体。在老子思想深层,小而可名于大,大而可名于小,是皆不可名。"道隐无名"与"强为之容"相对,才是老子寻道的法则与趣味。

三十五章

执大象[1],天下往[2],往而不害,安平太[3]。乐与饵[4],过客止。道之出口[5],淡乎其无味,视之不足见,听之不足闻,用之不足既[6]。

注释

〔1〕执:守,掌握。象:指道,同第十四章"无物之象"、第四十一章"大象无形"。

〔2〕往:归往,意指归附于道。

〔3〕安:乃,于是。太:一作"泰",古通用,康泰的意思。

〔4〕乐:音乐。饵:食物。

〔5〕口:或作"言"。按:王弼本作"口",其注则作"言",故原作当为"出言"。

〔6〕足:诸本或作"可","足""可"意通。既:尽。

问题分析

为什么说"道之出口,淡乎其无味"?

本章谈论"道"的伟大、平淡与超越,"道之出口,淡乎其无味"一句,具有代表性意义,成为整段的承递关键。"无味"直接前面的"饵"(美食)字,是以点带面,实质上等同道的无形、无象、无声、无用等,上承开篇体道之人,无往不利,下启"视之不足见"三语,说明道的至高无上的境界。由于道为大象,大象无形,超出声音臭味之外,非如美乐之动听,佳饵之悦口。世人但图一时之宴安,而忘鸩毒之害;有道者则为万类之平太,而弃富贵之娱。人诚知淡者和心而养生,浓者荡神而爽口,必能甘淡之至味,弃浓之后患,如是则无欲亦无所害。《庄子·山木》云:"君子之交淡若水,小人之交甘若醴(按:此两句亦见《礼记·表记》)。君子淡以亲,小人甘以绝。"此明"淡"之用,即老子"澹兮其若海"(第二十章)之旨意。从老子的"淡无味",还可看到在其眼中,道并不如世人眼中那般神圣、庄严、恐怖、诱人,而是平淡如水,克能尽己而已。道之与人,也没有什么伟大与平凡、理想与现实的鸿沟,而是"吾言甚易知,甚易行。天下莫能知,莫能行"(第七十章),意思是道不远人,人自离道,这也充分展示了道家强调自觉认知、自我实践的原则精神。

三十六章

将欲歙之[1],必固张之[2];将欲弱之,必固强之;将欲废之,必固兴之[3];将欲夺之[4],必固与之[5]。是谓微明[6]。柔弱胜刚强[7]。鱼不可脱于渊,国之利器不可以示人[8]。

注释

〔1〕歙(xī):收敛。《韩非子·喻老》引作"翕",多本同。按:《荀子·议兵》杨倞注:"翕,敛也。"

〔2〕固:与"姑"通,姑且。景龙碑本作"故",亦通假。张:与"歙"相对,扩展义。

〔3〕兴:当作"举",帛书本作"与","举""与"古通,"兴"则为"与"字形误。

〔4〕夺:《韩非子·喻老》和《史记》司马贞索隐均作"取"。夺、取义近。

〔5〕与:帛书本作"予","予"为本字,"与"乃借字。

〔6〕微明:指深远的韬略。微,微妙。明,高明。

〔7〕"柔弱"句:此句多本作"柔(之)胜刚,弱(之)胜强"。

〔8〕利器:解说甚多,如权术、权道等。据《庄子·胠箧》:"故曰:'鱼不可脱于渊,国之利器不可以示人。'彼圣人者,天下之利器也,非所以明天下也。"利器,可解作圣人的智慧。示:显示,炫耀。或解作"赐",亦通。

三十七章

道常无为而无不为[1]。侯王若能守之,万物将自化[2]。化而欲作[3],吾将镇之以无名之朴[4]。无名之朴,夫亦将无欲[5]。不欲以静[6],天下将自定[7]。

注释

〔1〕"道常"句:此句帛书本作"道恒无名",高明《帛书老子校注》据此以为传世诸本皆误,老子没有"无为"之说,今见简本作"道恒亡为也",可证诸本不误。

〔2〕万物:兼事物而言。将:会。自化:自生自长,自成自消。

〔3〕欲作:产生欲望。欲,欲望。作,生。

〔4〕镇:帛书乙本作"闐","镇""闐"古通用,意为镇伏。无名之朴:河上公注:"道也。"

〔5〕无欲:诸本多作"不欲"。

〔6〕不欲:或作"无欲"。以:则。

〔7〕自定:傅奕本、帛书本均作"自正"。

问题分析

有关"无为而无不为"的解读与争论,材料对理论建构的重要性。

本章昔人题名"为政",即取首句"道常无为而无不为"之义,以示老子思想中的为政之本。对此"无为而无不为"的说法,古人的理解就多有争议。如苏辙解老,谓"道常者,无所不为而无为之之意耳"。此说有体用颠倒之嫌,可能造成"无所不为"为"常道"的误解。道常,即指常道。"无为",道之体;"无不为",道之用。试引《文子·上仁》一段论述:"夫道退,故能先;守柔弱,故能矜;自卑下,故能高人;自损弊,故实坚;自亏缺,故盛全;处浊辱,故新鲜;见不足,故能贤。道无为而无不为也。"此说借用老子的辩证思想,探求道的本原,似较苏辙的解释为胜。因为紧接着老子就说"侯王若能守之,万物将自化"。这里的"守"与"化",是"无为而无不为"的关键:守是守道之本体——无为,化是得道之发用——无所不为。守是主观的内在功用,化是客观的外在效绩。"若"与"将"两虚字斡旋其间,亦具深意:明示能守与不能守,直接导致能化与不能化。

受近代学术疑古思潮的影响,对老子其书及其"无为而无不为"观点的争论,已不限于解读的歧义,而追溯其文本的真伪。比如钱穆的《先秦诸子系年》,即置《老子》产生的时代于《庄子》之后的战国晚期(此说因近年出土文献证明错误),而在其《庄老通辨》书中,钱氏认为"无为而无不为……乃完全在人事利害得失上着眼,完全在应付权谋上打算",将此与老子的玄远之道完全剥离。继此,郑良树在《老子论集》中提出"无为而无不为"这一命题是韩非子"以权谋法术加在老子朴素的哲学上"的结果。而借资出土文献的新材料,高明《帛书老子校注》以帛书甲、乙本此章与传世本四十八章都没有"无为而无不为"文字,断定今本此句"显非《老子》原文,必因后人窜改所致"。并由此对文本真实性的否定,进而否定老子对此命题的著作权。到了

20世纪90年代,郭店楚简的出土,为老学研究又带来勃勃生机,其中四十八章文字,又明确载记"亡为而亡不为"的话语,于是高明等学者对此文本真实性的断然否定,又引起了质疑,将"无为而无不为"的著作权归还老子的声音又得到了较多的回应。

事实上,《老子》书中不仅传世本三十七章、四十八章明确提出这一命题,而且在其他章节中,这种思想也时时存在。再以本章文意为例,老子认为:侯王先守道以临天下,天下自然顺化;当天下顺化之时,功成而居,欲心萌作,若不以无名之朴"镇"其欲心,则必前功尽弃,后患无穷。在历史上,秦始皇诚有为之君,然贾谊《过秦论》云:"及至秦王,奋六世之余烈,振长策而御宇内,吞二周而亡诸侯,履至尊而制六合,执棰拊以鞭笞天下,威振四海。……天下已定,秦王之心,自以为关中之固,金城千里,子孙帝王万世之业也。"可以说,秦始皇统一天下,乃大势所趋,未始非执道以行,及天下已定,欲心大作,不满足于一代之尊,更欲图万世之业,以致横征暴敛,好大喜功,败亡之速,始料未及。所以老子主张侯王得道,要"镇之以无名之朴",以静制动,以淳化巧,达到"少私寡欲","我无欲而民自朴"的境地。因为民既自朴、自正,则天下自定。由此来看,老子"无为而无不为"的为政命题,是要以"无为"达到"功成事遂"的"无不为"之目的,这与他的自然观是密不可分的。

文化史扩展

  黄老之学

  黄老之学是秦汉时期形成的一个学派,在汉武帝实施"罢黜百家,表彰六经"学术之前,其政治观与人生观,成为当时上层社会的主流意识。黄老,黄帝与老子。道家尝以黄帝与老子为祖,因此又称道家为"黄老"。《史记·老子韩非列传》:"申子(申不害)之学本于黄老而主刑名。"王充《论衡·自然》释黄老云:"贤之纯者,黄老是也。黄者黄帝也,老者老子也。"其实,汉人所言的道家,与老庄哲学并不尽同,而更多指黄老之学。如司马谈为黄老学者,他的《论六家要旨》推尊的"道德家",指的就是黄老。所以他说"道家无为,又曰无不为,其实易行,其辞难知。其术以虚无为本,以因循为用",其重"术"的思想,是典型的黄老之学的表现。班固虽然崇儒而轻道,但他在《汉志》中说道家"清虚以自守,卑弱以自持,此君人南面之术",显然也是汉初黄老之学的论述范围。老子学说尽见于五千言,黄帝学术多不可考,学者从传世文献中汲取其思想精神,则多于杂书《吕氏春秋》《淮南子》中取资。自1973年长沙马王堆汉墓出土帛书《老子》甲、乙本,乙本前有四篇古佚书,即《经法》《十六经》《称》《道原》,被学者考定为黄帝书遗义,自此从某种意义上揭开了模糊的历史面纱。而合观黄、老,皆以道为宗,而兼及无为政治与长生之术,只是偏于"黄帝"的无为政治,更重法术,所以黄老的政治论也自然与法家结缘,成为行之有效的"君人南面之术";而其长生思想,则被后来的道教徒接受,如《老子》"河上公注""想尔注"的"治国""治身"思想,"宝精""食气"之法,都是典型的例证。直到宋代,苏轼奉诏撰《上清储祥宫碑》,还是推崇黄老之学的政治理想,而贬抑其长生法术。比如他说:"道家者流,本出于黄帝、老子,其道以清净无为为宗,以虚明应物为用,以慈俭不争为行。……自秦汉以来,始用方士言,乃有飞仙变化之术,黄庭大洞之法,太上天真木公金母之号……天皇太一紫微北极之祀,下至于丹药奇技符箓小数,皆归于道家。……尝窃论之,黄帝、老子之道,本也;方士之言,末也。"这一说法,可供参考。

德　经

三十八章

　　上德不德[1],是以有德;下德不失德[2],是以无德。上德无为而无以为[3],下德为之而有以为[4]。上仁为之而无以为[5]。上义为之而有以为[6]。上礼为之而莫之应[7],则攘臂而扔之[8]。故失道而后德,失德而后仁,失仁而后义,失义而后礼。夫礼者,忠信之薄而乱之首[9]。前识者[10],道之华而愚之始[11]。是以大丈夫处其厚[12],不居其薄[13],处其实,不居其华。故去彼取此[14]。

注释

　　[1] 上德:上德之人,即得道之人。德,德性。按:此类人的行为,如第二十一章所说"孔德之容,惟道是从"。不德:不以"德"为"德",以加施于人。此同《孟子·离娄下》所谓:"由仁义行,非行仁义。"

　　[2] 下德:下德之人。不失德:以"德"为己有,欲加惠于人。

　　[3] 无为:因循自然。无以为:无所为,没有企图。一作"无不为"。

　　[4] 为之:或作"无为"。马其昶《老子故》说:"'无为',旧作'为之',误同'上义'句,傅本又误同'上仁'句。注家强为之说,皆非是,今为正之。德有上下,其无为一也;以其不失德,故虽无为之而仍有以为。"今注多从其说。按:"下

113

德"句帛书本无。

〔5〕仁:爱人。《论语·颜渊》:"樊迟问仁,子曰:'爱人。'"

〔6〕义:宜,行事得当。

〔7〕礼:文饰。《韩非子·解老》:"礼者,义之文也。"莫之应:施而不报,与"礼尚往来"(《礼记·曲礼上》)相对。

〔8〕攘(rǎng):揎袖出臂。扔:用力引拉。

〔9〕薄:浇薄,不足。首:开端。

〔10〕前识者:有先见之明的人。

〔11〕华:同"花",浮华。愚之始:即愚昧的开始。

〔12〕厚:淳厚。喻道。

〔13〕薄:浇薄。喻礼。

〔14〕彼:指"薄""华"。此:指"厚""实"。

问题分析

为什么说"失道而后德"?儒道两家道德观有同有异吗?

在老子的思想中,道与德有时是一体的,如"上德""玄德"在某种意义上可看成"道"的代名词;但有时又是分离的,如本章所言"下德"以及"失道而后德"之"德",均与道之自然玄远不同,具有人世的著相性征。因为"道"往往是具有超越的本根意义,"德"有时是体道的功用,或人为的实践。据老子本章所言,道与德是处两个不同层面的,其所谓"失道而后德"有一种导向,明示道德沦丧后的社会颓势,即由道而德,由德而仁,由仁而义,由义而礼,均归于"礼者,忠信之薄而乱之首"的逻辑。《庄子·知北游》载:"道不可致,德不可至;仁可为也,义可亏也,礼相伪也。故曰:'失道而后德,失德而后仁,失仁而后义,失义而后礼;礼者道之华而乱之首也。'故曰:'为道者日损,损之又损之,以至于无为,无为而无不为也。'今已为物也,欲复归根,不亦难乎?其易也,其惟大人乎!"庄子之解,颇为精到。道与仁、义,有无象与有象之别，而"德"介其中，或体于上，如"上德"，或流于下，如"下德"，欲以有形治于国，加诸人，必流于礼教之束缚；能以无形而"无为"，则能由大道行，返归自然，得到自由。宋代学者张载作《正蒙》，承《易》学之绪倡一"气"之本与"一物两体"之用，将"穷理尽性，则性天德"推扩于"能悦诸心，能通天下之志之理"为广度。其落实于人性论，就是有"天地之性"（至善），有"气质之性"（有善有恶），人承天地之性，秉赋气质之性，能由气质之性上承天地之性，则为善，倘由气质之性下行于人欲，则为恶。这种思想秉承儒家人性论传统，与老子的思想出发点不同，但其思维结构，却通合于老子的"失道而后德"的由大道行到大道废，又至大道回归的过程。

这又牵涉一个问题：在道、德观方面道家与儒家的异同。由于老子倡导"大道废，有仁义"，所以老子思想成为反儒的典范，特别是对当时礼制社会进行严厉批判的急先锋。这也标明了老学反对仁义礼智与孔学拥戴仁义礼智的巨大对立。然而，就道德论而言，儒道又是共奉的，而且在思想上、方法上，也有相同之处。比如老子讲道德，在于敬奉自然，强调无为，反对人为矫造与社会约制，有一种"著我"的精神，其论甚多，无须一一列举。而孔子强调道德仁义，同样尊重自然，欣赏无为，也强调"著我"的精神。如《论语·里仁》载孔子说："不仁者不可以久处约，不可以长处乐。仁者安仁，智者利仁。"此视仁为至高的道德价值。朱熹注云："不仁之人失其本心，久约必滥，久乐必淫，惟仁者则安其仁而无适不然。"这强调仁要发自"本心"，孔子由"安仁"更进一步强调"乐仁"，也是对"仁者乐山，智者乐水"的自然的回归与认同。又如《论语·卫灵公》载孔子语："无为而治者其舜也与！夫何为哉？恭己正南面而已矣。"这也就是"为政以德，譬如北辰居其所而众星拱之"（《论语·为政》）的道理。由此来看老子说的"上德无为而无以为，下德为之而有以为"，在思想上与孔子是有相通之处的。就方法而论,老子说"上德"之"不德",河上公注曰"因循自然……其德不见";而"下德"之"不失德",如林希逸注"不失德"是"执而未化"。道之尊,德之行,在于自我体悟于自然,而达到无"执"的境界。同样,《孟子·离娄下》载孟子曰:"舜明于庶物,察于人伦,由仁义行,非行仁义也。"赵岐注:"舜明庶物之情,识人事之序,仁义生于内,由其中而行,非强力行仁义也。"由此可见,孟子倡导的仁义,也是反对他"执"的自心觉悟。如果勘求儒、道之"道德"观的相异处,我认为最突出的是孔子视道德与仁义为一,并落实于礼,而老子"道"与"德"或合或分,而道德与仁义截然不同,礼则为"乱之首"。究其因,在于孔子处"礼崩乐坏"的现实对礼制社会的态度是修复与改造,而老子所持态度则是否定与扬弃,前者成为儒门遵循的道德准则,后者成为道家学说的道德批判精神。

文化史扩展

五常

老子反对的仁义礼,实为儒家的"五常"理论。所谓"五常",又称"五性",即仁、义、礼、智、信。班固《白虎通·性情》解释说:"仁者,不忍也,施生爱人也。义者,宜也,断决得中也。礼者,履也,履道成文也。智者,知也,独见前闻,不惑于事,见微知著也。信者,诚也,专一不移也。"又一说,"五常"即"五伦",指的是"君惠臣忠"等君臣、父子、兄弟、夫妇、朋友之间的关系。汉儒又将"五常"与"五行"(金、木、水、火、土)、"五经"(乐、书、礼、易、诗)等相结合。如《白虎通·五经》云:"经所以有五何?经,常也。有五常之道,故曰《五经》。《乐》仁,《书》义,《礼》礼,《易》智,《诗》信也。人情有五性,怀五常不能自成,是以圣人象天五常之道而明之,以教人成其德也。"而"五常"与"三纲"的结合,又形成了古代宗法社会的伦理政治法则。

三十九章

昔之得一者[1]：天得一以清，地得一以宁[2]，神得一以灵，谷得一以盈[3]，万物得一以生，侯王得一以为天下贞[4]。其致之[5]：天无以清将恐裂，地无以宁将恐发[6]，神无以灵将恐歇，谷无以盈将恐竭，万物无以生将恐灭[7]，侯王无以贵高将恐蹶[8]。故贵以贱为本，高以下为基，是以侯王自谓孤、寡、不穀[9]，此非以贱为本邪？非乎[10]？故致数舆无舆[11]，不欲琭琭如玉[12]，珞珞如石[13]。

注释

〔1〕昔：自古以来。一：道的别称。《韩非子·扬权》："道无双，故曰一。"《说文》："惟初太极，道立于一，造分天地，化成万物。"按：老子多用一喻道，如第十章"载营魄抱一"，第二十二章"圣人抱一为天下式。"一说，"昔"，音 cuò，通"措"，施行、运行意。

〔2〕"天得"二句：《庄子·至乐》："天无为以之清，地无为以之宁，故两无为相合，万物皆化。"清、宁，形容天道与地道。

〔3〕谷：河谷。盈：满。

〔4〕贞：一作"正"，"贞""正"通用，"贞"为"正"的借字。《尔雅·释诂》：

"正,长也。"此指君主。

〔5〕致之:即推而言之。致,推。或解招致,不及解为推较佳。诸本或作"其致之一也"。

〔6〕发:读如"废",意为堕、颓。此指地将塌陷。刘师培《老子斠补》认为:"'发'读为'废'。……'恐发'者,犹言将崩圮也,即地倾之义。'发'为'废'字之省形。"

〔7〕"万物"句:帛书本及多本无。

〔8〕蹶:颠仆,败亡。

〔9〕孤、寡、不穀:人君的谦辞。不穀,即不善。《左传·僖公四年》:"岂不穀是为?"杜注:"孤、寡、不穀,诸侯谦称。不穀,不善也。"章炳麟《新方言》则认为"不穀"是"仆"的合音。

〔10〕非乎:不是吗。

〔11〕致:一作"至"。数:马叙伦《老子校诂》以为误字,当删。舆:即"誉"。全句应为"至誉无誉"。

〔12〕琭(lù):美玉。琭,或作"碌""禄"。

〔13〕珞(luò):坚石。珞珞:一作"落落"。按:古无"珞"字,"珞"作"落"。

问题分析

说"一":老子的宇宙生成论与结构论。

此言"得一"之妙用,取意指道所生之冲虚之德,本立而道生,则与天地万物为一。所谓"一",王弼注:"数之始而物之极也。"而为何要"得一",李嘉谋《道德真经义解》称:"所谓一者何也?知天之所以清,即知地之所以宁;知神之所以灵,即知谷之所以盈;知万物之所以生,即知侯王之所以为天下贞。"此就本章所言天、地、神、谷、万物、侯王六者"得一"之用而言,诚顺推之法。倘若逆推之,似乎可以说侯王之所以为天下贞,乃其得万物之所以生、谷之所以盈、神之所以灵、地之所以宁、天之所以清,抱一之德之所致。这里是兼含体与用,论侯王法地，法天，法自然，亦即法本之义。反之，则会导致败亡，老子接着说的"天无以清将恐裂"的六排句，即此结果，以反证"得一"的重要性。

在《老子》书中，计有十五处说到"一"，除本章七处外，分别见于第十章"载营魄抱一"、十一章"三十辐共一毂"、十四章"混而为一"、二十二章"圣人抱一为天下式"、四十二章"道生一，一生二"、六十七章"一曰慈"。其中与老子道论关系密切者，主要存在两种意义：一种意义"一"就是"道"（如"抱一""得一"），一种意义是"道"所派生（如"道生一"）。对作为道的派生，即宇宙生成论的"一"，汉人扬雄撰《太玄经》，即取法《老子》之术数，所谓"一玄、三方、九州、二十七部、八十一家"，而"玄一摹而得乎天……再摹而得乎地……三摹而得乎人"。这种作为"道"本体的"一"，又与老子所言强为之名的"大"结合，等同于《易》之"太极"而为"大一"或"太一"，受到后世各方面的推衍。至战国秦汉之世，人们极为推崇"大一"或"太一"，如《庄子·天下》引惠施说："至大无外，谓之大一；至小无内，谓之小一。"《吕氏春秋·大乐》载："道也者，至精也，不可为形，不可为名。强为之（名），谓之太一。"这显然取法《老子》"吾不知其名，字之曰道，强为之名为大"（第二十五章）的说法。《淮南子·主术训》："太一之精通合于天。天道玄默，无容无则，大不可极，深不可测。"高诱注《吕氏春秋·大乐》"万物所出，造于太一"谓："太一，道也。"这里显然将太一与玄、道结合起来，表现了古人仰观天象对阴阳未判时原始浑沌之"道"的假说，这也是老子之"一"的根源意识。

文化史扩展

1. 太一

据钱宝琮《太一考》（《燕京学报》专号第八，1936年1月），"太一"在秦汉思想中有以下几种意义：一是"太一出两仪，两仪出阴阳"

(《吕氏春秋·大乐》),"太一"等同于道,为自然原始态。二是"天神贵者太一"(《汉书·郊祀志》上引汉武帝时方士谬忌语),"太一"成为最尊贵的天神,高居北极之紫宫。王逸《九思》有"登太一""会真人""通元气"的描写,与此相关,且成为后世道徒求仙之法。三是"太一星名",即汉人所谓的"中宫:天极星,其一明者,太一常居也"(《史记·天官书》);"北者极也,极者藏也,言太一之星高居深藏,故名北极"(《春秋元命苞》)。四是"太一"为"上古帝王",也就是秦汉人盛称的"泰皇"(或称"泰帝"),此详见《路史·九头纪·泰皇氏》、《史记·封禅书》、《汉书·郊祀志》的有关记载。

2. 称谓

称谓即称呼,古代礼制社会讲究名实,所以极为重视。老子本章所说的"孤""寡""不穀",就是一种特定的称谓。古人称谓,重视等级,不相假借,传说名号定于周公制礼的时代。而古代相关称谓的著作,为数甚多,早期的《尔雅·释亲》《礼记·曲礼》最为著名。其后称谓愈繁,著述也愈多,比如孔鲋的《小尔雅》、扬雄的《方言》、刘熙的《释名》、张揖的《广雅》,均有增益,且杂见于史书和各家著作的内容尤其多。到了清代梁章钜编撰《称谓录》,得以分门别类,既洋洋大观,也条分缕析,可供读者查考之用。所谓"孤""寡""不穀",是古代诸侯王的自称。据《礼记·曲礼》记载:"九州之长……于内自称曰不穀,于外自称曰王老。……庶方小侯,入天子之国,曰某人,于外曰子,自称曰孤。"这里所说"九州之长",宜为天子,而自称"不穀",可见古代天子与诸侯的称谓,也不是划分得那么明确。梁章钜《称谓录》引述孔颖达《曲礼》疏:"凡常诸侯皆称寡人。僖四年,齐桓公对屈完称不穀者,谦也。庄十一年,宋灾,鲁往吊之,宋闵公称孤者,传云:'列国有凶称孤,礼也。'据此则孤、寡、不穀,皆诸侯自称,而天子不必以此自称也。"而古代天子(皇帝)的称谓极多,诸如:后、元后、王、天王、君王、后王、素王、孝王、君、大君、社君、天、天皇、上帝、大官、县官、官家、宅家、天家、大家、真主、钜公、太上、大宗、大尊、车驾、至尊、元首、荃宰、九重、万岁、万乘、人牧、人主、上、主上、明上、林、烝、辟、一丈夫等，而"朕"字作为天子的自称，则始于秦始皇。

四 十 章

反者道之动[1],弱者道之用[2]。天下万物生于有[3],有生于无[4]。

注释

〔1〕反:借为"返""复",同第二十五章"远曰反"。一说,反,对立面。对立面的出现,才有道的运动。两说皆可。

〔2〕弱:柔弱。同第十章"专气致柔"、第三十六章"柔弱胜刚强"之义。

〔3〕万:多本作"之"。有:指天地,为万物之母。

〔4〕无:类"道",是无形的本原。

四十一章

上士闻道[1],勤而行之[2];中士闻道,若存若亡[3];下士闻道,大笑之[4]。不笑不足以为道。故建言有之[5]:明道若昧[6],进道若退,夷道若纇[7]。上德若谷[8],大白若辱[9],广德若不足,建德若偷[10],质真若渝[11],大方无隅[12],大器晚成[13],大音希声[14],大象无形。道隐无名[15],夫唯道,善贷且成[16]。

注释

〔1〕士:原为低级的贵族阶层,后泛指有学问或有专长的人。

〔2〕勤:勤快,积极。帛书本作"堇"。

〔3〕若存若亡:迷惑不解的意思。

〔4〕大笑之:王念孙据《牟子》《抱朴子》所引,认为本作"大而笑之"。大,空洞,不切实际。笑,嘲笑。

〔5〕建言:立言,即古代人所立之言。按:以下数句,应为古有的格言。

〔6〕明道若昧:与"不自见故明"(第二十二章)、"自见者不明"(第二十四章)意思相同。昧,暗昧。

〔7〕夷:平。纇(lèi):《说文》:"丝结也。"引申为不平坦。

〔8〕上:高。谷:溪谷,喻卑下。

〔9〕辱:黑色,由白染黑谓辱。古文作"黣"。以白为纯洁,以辱为污浊,亦可。

〔10〕建:同"健",刚健的意思。偷:一作"媮",怠惰,疲弱。

〔11〕渝:《说文》:"渝,变污也。"此取改变、不能坚持义。按:刘师培、高亨都认为此句有误,前言"广德""建德",此当为"质德","真"宜为"德"字;渝,借为"窬"。质,实。窬,《说文》:"窬,空中也。"所以当解为"实德若空",此说可参考。

〔12〕无隅:指无角,即圆。隅,角。

〔13〕晚:陈柱《老子集训》认为"晚者,免之借"。帛书乙本作"免",陈说是。免:无。按:简本作"曼",读作"无"。《小尔雅·广诂》:"曼,无也。"

〔14〕希声:无声。义同第十四章"听之不闻,名曰希"。《淮南子·原道训》谓"无音者,声之大宗也",亦取"大音希声"之义。

〔15〕隐:幽隐不可见。名:名称。

〔16〕贷:《说文》:"贷,施也。"帮助的意思。帛书本、敦煌本"贷"作"始",而"成""终"互训,若"善始且成",解作"善始善终",也可以说得通。

问题分析

有关"大器晚成"的文本及相关问题。

本章传世本皆并列"大方无隅,大器晚成,大音希声,大象无形","希"可训"无",惟"晚"与"无"不同,所以旧注如河上公谓"大器之人……不可卒成",王弼谓"大器成天下,不持全别,故必晚成",其义皆有所成。而在众家注中,陈柱《老子集训》认为"晚者,免之借",可谓独具只眼。至长沙马王堆汉墓帛书出土,经整理后帛书乙本作"大器免成",始解千古之惑。湖北郭店楚简出土《老子》简,经整理,学者多认同其为"大器曼成",依据《小尔雅·广诂》"曼,无也",《广雅·释言》"曼、莫,无也",亦可证"大器免(无)成"的可靠性。如此来看,老子的本义正是以否定词并列,在于强调"无用"之"用"与"无为"之"为",是对其道用思想的一种阐发。推述其义:道体为圜,包容万方,故为大方,大方则不见其隅;道之为器,注而满,酌而不竭,故为大器,大器则不见其成;道本无声,故为大音,道本无形,故为大象。

文化史扩展

大音　大象

关于"大音"与"大象"的解释甚多,兹录古代庄子与近人钱锺书言论各一则,以助理解之思。

《庄子·天运》:"北门成问于黄帝曰:'帝张《咸池》之乐于洞庭之野,吾始闻之惧,复闻之怠,卒闻之而惑,荡荡默默,乃不自得。'帝曰:'汝殆其然哉!吾奏之以人,徵之以天,行之以礼义,建之以太清。……四时迭起,万物循生;一盛一衰,文武伦经;一清一浊,阴阳调和,流光其声;蛰虫始作,吾惊之以雷霆;其卒无尾,其始无首;一死一生,一偾一起;所常无穷,而一不可待。汝故惧也。吾又奏之以阴阳之和,烛之以日月之明;其声能短能长,能柔能刚;变化齐一,不主故常;在谷满谷,在坑满坑;塗郤守神,以物为量。其声挥绰,其名高明。是故鬼神守其幽,日月星辰行其纪。吾止之于有穷,流之于无止。予欲虑之而不能知也,望之而不能见也,逐之而不能及也,傥然立于四虚之道,倚于槁梧而吟。目知穷乎所欲见,力屈乎所欲逐,吾既不及已夫!形充空虚,乃至委蛇。汝委蛇,故怠。吾又奏之以无怠之声,调之以自然之命,故若混逐丛生,林乐而无形;布挥而不曳,幽昏而无声。动于无方,居于窈冥;或谓之死,或谓之生;或谓之实,或谓之荣;行流散徙,不主常声。世疑之,稽于圣人。圣也者,达于情而遂于命也。天机不张而五官皆备,此之谓天乐,无言而心说。……汝欲听之而无接焉,而故惑也。乐也者,始于惧,惧故祟;吾又次之以怠,怠故遁;卒之于惑,惑故愚；愚故道，道可载而与之俱也。'"按，此通过黄帝对《咸池》乐的三层解说，以阐发"天乐"之"大音"，非常生动形象。

钱锺书《管锥编》第二册"《楚辞》洪兴祖补注"第八则《天问》论"形"与"象"云："窃谓形与象未可概同。《邓析子·无厚》篇'故见其象，致其形；循其理，正其名；得其端，知其情'；'名'为'理'之表识，'端'为'情'（事）之几微，'象'亦不如'形'之著明，语意了然。……'形'者，完成之定状；'象'者，未定形前沿革之暂貌。积砖如阜，比材如栎，未始非形也；迨版筑经营，已成屋宇，则其特起高骧，洞开交映者为形，而如阜如栎者不足语于形矣。未理之璞，方棱圆浑，自各赋形，然必玉琢为器，方许其成形焉。天地肇造，若是班乎。故圣·奥古斯丁阐释《创世纪》所言未有天地时之混沌，亦谓有质无形，乃物质之可成形而未具形者（informitas materiae; quiddam inter formam et nihil; materia informe; materielem adhuc informem, sed certe formabilem）；后世诗人赋此曰：'有物未形，先天地生'（An unshap'd kind of Something first appear'd）。正所谓'惟像无形'尔。元气胚胎，如玉之璞，乾坤判奠，如玉为器；故自清浊分明之天地而观浑沦芒漠之元气，则犹未成'形'，惟能有'象'。苟由璞而回溯其蕴于石中，由砖若材而反顾未锻之土与未伐之林，则璞也、砖也、材也三者均得为成'形'，而石也、土也、林也胥'未形'之'惟象'矣。"按，此论屈原《天问》"上下未形，何由考之……冯翼惟像，何以识之"，以"象"比于"混沌"之未开之状，亦有助于对老子所谓"大象"的理解。

四十二章

道生一[1]，一生二[2]，二生三[3]，三生万物。万物负阴而抱阳[4]，冲气以为和[5]。人之所恶，唯孤、寡、不穀[6]，而王公以为称[7]。故物或损之而益，或益之而损。人之所教，我亦教之。"强梁者不得其死[8]。"吾将以为教父[9]。

注释

〔1〕一：太一、大一，原始。义同第三十九章"昔之得一者"之"一"。

〔2〕二：指"阴"与"阳"二气。《易·系辞》："易有太极，是生两仪。"取义相同。

〔3〕三：指阴、阳二气相冲相和的状态。《庄子·田子方》引录"老子"语："至阴肃肃，至阳赫赫。肃肃出乎天，赫赫发乎地；两者交通成和，而物生焉。"可参考。

〔4〕负：背。马其昶解："抱负，犹向背也。"按：亦前后义。

〔5〕冲气：冲虚之气。冲，虚。为：成。和：和谐。

〔6〕孤、寡、不穀：解见第三十九章，此处即指下文"王公"。按：以下数语，从文义看，或疑为第三十九章错移本章。

〔7〕称：称谓，自称。帛书本作"王公以自名也"。

〔8〕强梁者:指强横逞凶的人。强梁,强横有力。按:此句为古语,《说苑·敬慎》引《金人铭》有此语。又见《孔子家语·观周》。

〔9〕教父:河上公注:"父,始也。老子以强梁之人为教戒之始也。"又,罗运贤《老子余义》引《说文》"父,巨也",认为:"巨,规巨(矩)也。教父即教巨,犹言教条也。"教父,一作"学父"。

文化史扩展

《老子》与《易》

《老子》与《易》的相近处甚多,举要有三:

第一点是宇宙生成理论相近。《易》所谓"太极生两仪,两仪生四象,四象生八卦",《老子》所谓"道生一,一生二,二生三,三生万物",皆属宇宙生成理论。

由此又生出第二点,即都采用"数"的模式演化宇宙的生成,所不同者在于《易》重偶数而《老》重奇数,从而形成中国古代宇宙生成"数"理的两大模式:《易》的"2、8、64"与《老子》的"3、9、81"。演绎到汉代,则体现于汉《易》的"数"系统与扬雄《太玄》的"数"系统的差异。

而第三点是《老子》与《易》在词语与思想上的相近。对此,明人朱荃宰《文通》卷三十记述"古代性命说"时云:"自古论性命者必归老氏。其曰'常无,欲以观其妙',无中之有,性宗也;'常有,欲以观其徼',有中之无,命宗也。致虚守静,以观其复,有无交入,性命合一之宗也。'复曰常','常曰明',是谓长生久视之道。是义也,《大易》言之详矣,要其所归,不出'身心'二字。……夫老氏虽以炼养为宗,其微辞原于《大易》。"此言《老》通《易》之处。

今人杜而未《老子的月神宗教》(台兆学生书局1984年版)有段对勘比较《易》《老》之论,且举例说明:"《易》有兑卦,《老子》:'塞其兑,闭其门,终身不勤;开其兑,济其事,终身不救。'(五十二章)《易》

有丰卦,《老子》:'修之于邦,其德乃丰。'(五十四章)《易》有损益之卦,《老子》:'为学日益,为道日损。'(四十七章)'故物或损之而有益,或益之而损。'(四十二章)《易》有观卦,《老子》:'以身观身,以家观家,以邦观邦。'(五十四章)《易》有家人卦,《老子》:'修之于家,其德乃余。'(同上)《易》有涣卦,《老子》:'涣若冰之释。'(十五章)《易》有豫卦,《老子》:'豫若冬涉川。'(同上)《易》有大壮卦,《老子》:'物壮则老。'(三十章)《易》有明夷卦,《老子》:'视之不见曰夷。'(十四章)《易》有复卦,《老子》:'静曰复命。'(十章)《易》有妄卦,《老子》:'不知常,妄作凶。'(十六章)《易》有离卦,《老子》:'载营魄抱一,能无离乎!'(十章)'常德不离,复归于婴儿。'(二十八章)《易》有师卦,《老子》:'师之所处,荆棘生焉。'(二十九章)'故善人者,不善人之师。'(二十七章)《易》有大、小畜卦,《老子》:'道生之,德畜之。'(五十一章)'生之畜之。'(十章)《易》有随卦,《老子》:'故物或行或随。'(二十九章)《易》有泰卦,《老子》:'是以圣人去甚、去奢、去泰。'(同上)"

至于汉以后学者以《易》注《老》,以《老》注《易》,更是司空见惯。至东汉迄魏晋之世,玄学方兴,世人视《易》《老》《庄》为"三玄"之学,也说明其间义理的相近与相通。

四十三章

天下之至柔[1],驰骋天下之至坚[2],无有入无间[3]。吾是以知无为之有益。不言之教,无为之益,天下希及之[4]。

注释

〔1〕至柔:指"水"。义见第七十八章:"天下莫柔弱于水。"

〔2〕驰骋:形容马奔跑之状,此解穿越、贯穿。至坚:指"金"或"石"。蒋锡昌《老子校诂》解:"此言水为天下至柔之物,金石为天下至坚之物;然水能贯穿金石而无所不入。"其说甚是。

〔3〕无有:没有形体。无间:没有空隙。此句《淮南子·原道训》引作"出于无有,入于无间"。

〔4〕希:罕见。及:达到。

文化史扩展

"不言之教"与庠序之教

老子倡导的"不言之教",在应化自然的意义上,与孔子的学说有相近之处。如《论语·阳货》载孔子语:"天何言哉!四时行焉,百物生焉,天何言哉!"赞美的是不言之化。而落实到人伦教育,儒、道则有较大的分歧。因为老子的"不言之教"与孔子的"诲人不倦"迥然有别,老子之说是像《庄子·知北游》所解说的那样,即"夫知者不言,言者不知,故圣人行不言之教"。意指无为而治,使民自化。而孔子所说的"诲人不倦",属于古代庠序之教的教育传统。《孟子·滕文公上》记载:"设为庠序学校以教之。庠者,养也;校者,教也;序者,射也。夏曰校,殷曰序,周曰庠。学则三代共之,皆所以明人伦也。"此说明源于三代的庠序教育,正是中国古代官学教育的传统。汉代继三代庠序之教,朝廷建"太学",地方设"郡学",所谓"四海之内,学校如林,庠序盈门"(班固《东都赋》),也是当时官学昌盛的真实写照。

四十四章

名与身孰亲[1]？身与货孰多[2]？得与亡孰病[3]？是故甚爱必大费[4]，多藏必厚亡[5]。知足不辱，知止不殆[6]，可以长久。

注释

〔1〕名：名誉。身：生命。孰：哪个。亲：爱。

〔2〕货：财产。多：重要。

〔3〕亡：丧失。病：苦，引申为有害。

〔4〕甚爱：过分地珍爱。费：耗费。此句多本无"是故"二字。

〔5〕多藏：指储藏丰富。厚亡：损失惨重。王弼注："甚爱不与物通，多藏不与物散，求之者多，攻之者众，为物所病，故大费厚亡也。"

〔6〕止：停止，休止。殆：危害，危险。

四十五章

大成若缺[1],其用不弊[2]。大盈若冲[3],其用不穷。大直若屈[4],大巧若拙,大辩若讷[5]。躁胜寒[6],静胜热[7],清静为天下正[8]。

注释

〔1〕成:完美。缺:残破。

〔2〕不弊:不朽。弊,傅奕本作"敝",弊为借字。

〔3〕盈:满。冲:虚。

〔4〕屈:弯曲。按:屈,多本作"诎",屈为借字。

〔5〕讷(nè):不善说话,言语迟钝。范应元《老子道德经古本集注》说:"大直者,顺物自然,故若诎也。大巧者,至妙无机,故若拙也。大辩者,不言而信,故若讷也。……下三者不言用,盖其用亦同上二者(指大成、大盈)。"其解甚是。

〔6〕躁:《说文》作"趮",疾走谓"趮",可驱寒冷。此从任继愈说。简本作"燥",是"躁"的通假字。马叙伦《老子校诂》认为"以义推之,当作'寒胜躁'",蒋锡昌《老子校诂》认为"此文疑作'静胜躁,寒胜热'",均合理,惜无文本依据,存疑。

〔7〕静:另本或作"靖""靓",三字古通用。

〔8〕正：通"贞""政"，引申为君主，首领。

问题分析

说"大"：以反彰正是老子的主要思维方法吗？

在《老子》书中，喜用"大""小"之辨来论道，可是相比之下，他更多用"大"字。根据王弼注本，老子用"小"字仅十次，而用"大"字则达到五十余处，其中最集中在四十一章与本章，且意义相近，皆是对道体与道用的摹写。如前章之"大白若辱""大方无隅""大器晚成""大音希声""大象无形"与本章之"大成若缺""大盈若冲""大直若屈""大巧若拙""大辩若讷"。在这些例证中，"大"有两层意义：一作形容词，分别修饰诸如"白""方""器""音""象""成""盈""直""巧""辩"等，加上拟象词"若"或否定词"无"，使之非"白"，非"方"，非"成"，非"盈"，形成否定的概念簇，以使之近于道。二是道的摹象，即"强为之名曰大""大曰逝""道大"（第二十五章）之义，所谓"大成""大盈""大直""大巧""大辩"，就是以摹拟之道加于非道之身，使之转而近道，以反彰正。这也就达到相反而相用的效果。如本章所言，大成，随物而成，成者自成，缺者自缺，故若缺；大盈，注而不满，酌而不竭，随物而与，故若冲；大直，随物而直，直而能屈，其屈不折，故若屈；大巧，随物付巧，巧而能拙，一任自然，故若拙；大辩，因物而言，不强己意，辩而能讷，故若讷。老子告诫世人，昧于此理，则急于求成，视若缺之大成，弃之不顾，故其成也小而用易弊，求盈、求直、逞巧、好辩，亦复如此。《庄子·胠箧篇》："故绝圣弃知，大盗乃止；擿玉毁珠，小盗不起；焚符破玺，而民朴鄙；剖斗折衡，而民不争；殚残天下之圣法，而民始可与论议。"此与老子"绝圣弃智，民利百倍"（第十九章）思想一致，可见世人之求成、求盈、求直、逞巧、好辩，皆圣知作祟而丧其真；若能返朴，则守缺自成，守冲自盈，守屈自直，守拙自巧，守讷自辩。此必然之理，自然之道。

四十六章

天下有道,却走马以粪[1];天下无道,戎马生于郊[2]。祸莫大于不知足[3],咎莫大于欲得[4],故知足之足常足矣[5]。

注释

〔1〕却:驱。《楚辞·九叹·愍命》:"却骐骥以转运兮,腾驴骡以驰逐。"粪:一作"播",谓播种耕田。王弼注:"以治田粪也。"

〔2〕戎马:战马,同前句"走马"。生:生产,产驹。郊:指战场。按:《盐铁论·未通篇》:"师旅数发,戎马不足,牸牝入阵,故驹犊生于战地。"意思是:战争频繁,公马不足,母马上阵,所以产驹于战地。吴澄《道德真经注》说:"郊者,二国相交之境。"

〔3〕足:满足。按:多本此句前有"罪莫大于可欲"一句。可欲,谓贪得无厌。

〔4〕咎:灾殃。欲得:贪图。此句"大于"之"大",多本作"憯",同"惨"。

〔5〕"故知足"句:《韩非子·喻老》引作"知足之为足矣"。按:以上三句简本多异。

文化史扩展

戎马　马政

古代"戎马"有两种解释,一指军马,如本章所言"天下无道,戎马生于郊"。又如《汉书·刑法志》："戎马四万匹,兵车万乘。"又借指战争、军事,如颜之推《颜氏家训·风操》："汝曹生于戎马之间,视听之所不晓,故聊记录,以传示子孙。"另一指胡地所出之马,即胡马。司马迁《报任少卿书》谓："李陵提步卒不满五千,深践戎马之地。"此戎马,即胡马。由于古代战争与交通均倚仗良马,所以极为重视"马政"。《礼记·月令》："(仲夏之月)游牝别群,则絷腾驹,班马政。"郑玄注："马政谓养马之政教也。"同书："(季秋之月)天子乃教于田猎,以习五戎,班马政。"孔颖达疏："班马政者,谓班布乘马之政令。"后世以操办马匹之事,亦归于马政。马端临《文献通考·兵考》中即有《马政》一门,明人归有光亦撰有《马政志》等。古人重马,兼取军事与交通。就军事而言,在冷兵器时代,战马具有举足轻重的作用,《周官》掌兵权者为"司马",当与此相关。关于我国骑兵的起源,一般认为在春秋战国之际。《左传·襄公二十六年》"左师见夫人之步马者",又《昭公二十五年》"左师展将以公乘马而归",是早期的记载。到《战国策·赵策》有关赵武灵王"胡服骑射"的故事,骑兵已具有一定的规模。到汉代,武帝朝两次征伐大宛,为的就是获得西域汗血宝马(战马),为征伐匈奴积蓄军力。而马匹用于民用交通,在先秦已有骑马与拉车两种形式,不过是"驾车在前,乘骑在后",就是骑马的历史要晚于乘车。由乘车到骑马的变化,源于战争,也就是春秋战国时期,由战骑逐渐转变到民骑。隋唐以后,由上而下,乘骑之风,普及到整个社会。

四十七章

不出户,知天下,不窥牖,见天道[1]。其出弥远,其知弥少[2]。是以圣人不行而知,不见而名[3],不为而成[4]。

注释

〔1〕"不出"四句:此四句诸本不同。帛书本作"不出于户,以知天下……",傅奕本作"不出户,可以知天下……"。《韩非子·喻老篇》引同傅本,刘师培以为古本原貌。户,即门。窥(kuī),从小孔隙中看。牖(yǒu),窗。天道,天体运行的轨道。

〔2〕知:指对道的认识。弥(mí):更加,越。

〔3〕名:一作"明"。"名""明"古通用。

〔4〕不为:同"无为"的意思。

问题分析

"不出户,知天下"是老子省察鉴远方法的体现,这与儒家的存养省察有所不同吗?

关于本章的"不出户,知天下",诸本略有差异,如帛书甲、乙本并作"不出于户,以知天下;不窥于牖,以知天道";《韩非子·喻老》引作

"不出于户,可以知天下;不窥于牖,可以知天道",刘师培认为"当为《老子》古本,今本经后人删改"。然观其理,并无以词害意。对此,《韩非子·喻老》的解说是:"空窍者,神明之户牖也。耳目竭于声色,精神竭于外貌,故中无主。中无主,则祸福虽如丘山,无从识之。故曰:'不出于户……',此言神明之不离其实也。"此从修省功夫着眼,意思是人须保持体内精气,不让从空窍逸出,故能不出户,不窥牖,让慧觉发挥极大效用,可以远视遥感,以知天下,见天道。在《老子》书中,这种以"退"为"进",以"闭"为"开"的省察鉴远之法,言述极多。如"致虚极,守静笃"(第十六章)、"塞其兑,闭其门"(第五十二章),以及"观复""知常"云云,与此同义。而这种既排除经验观察,又排除理性思考的直觉认知原则与修养方法,在古代学术思想中是常见的。如《诗·大雅·抑》云:"相在尔室,尚不愧于屋漏。"张载《西铭》谓:"不愧屋漏为无忝,存心养性为匪懈。"《礼记·中庸》:"莫见乎隐,莫显乎微,故君子慎其独也。"此皆言存养省察之要。当然,与老子思想相比,儒家学说的存养省察强调的是一种道德实践,如孟子说"人人亲其亲,长其长,而天下平"(《孟子·离娄上》)。同时也是一种内在省察功夫,孟子反对的"道在迩而求诸远,事在易而求诸难",却不同于老子的"其出弥远,其知弥少",因为老子更重的是超越个人的道德实践的自然原则。缘此,老子否定"出户"之"知",否定"窥牖"之"见",否定"知"后之"行",否定"见"后之"名(明)",否定"为"后之"成",是提倡大知、大见、大明、大成。《文子·下德》云:"夫人君不出户以知天下者,因物以识物,因人以知人也。故积力之所举,即无不胜也;众智之所为,即无不成也。千人之众无绝粮,万人之群无废功。"此深明老子反观省察、存养鉴远之道。

四十八章

为学日益[1],为道日损[2],损之又损[3],以至于无为,无为而无不为。取天下常以无事[4],及其有事[5],不足以取天下。

注释

〔1〕学:人为之学。河上公注:"学,谓政教、礼乐之学也。"益:多,增加。

〔2〕道:自然之道。损:消损,减少。

〔3〕"损之"句:河上公注:"损之者,损情欲也;又损之者,所以渐去之也。"

〔4〕取:治。无事:应顺自然而不造事,与"无为"义近。

〔5〕及:若,如果。有事:即有为。

四十九章

圣人无常心[1],以百姓心为心[2]。善者吾善之,不善者吾亦善之,德善[3]。信者吾信之,不信者吾亦信之,德信[4]。圣人在天下,歙歙为天下浑其心[5],[百姓皆注其耳目][6],圣人皆孩之[7]。

注释

[1] 无常心:一作"常无心"。常,帛书本作"恒","常""恒"相通。常心,固有的心思,可解作主观成见。

[2] 百姓:与作为主宰者圣人相对的人群。心:可解为意志。

[3] 德善:得救人之道,与第二十七章"圣人常善救人"的意思相近。德,同"得"。

[4] 德信:得到信任。

[5] 歙(xī)歙:形容圣人以俭德自处的状态。一作"歙歙焉"。歙,收敛,和顺。浑其心:使人的心归于浑朴。

[6] "百姓"句:此句王弼本、帛书本均无,河上公本、傅奕本则有,而王弼注亦有此句解词,原本应当有这一句。

[7] 孩之:意同"复归于婴儿"。一作"咳之","咳"与"孩"通。孩,动词,使

之像孩子。

问题分析

"圣人无常心"是道家政治理想的重要课题,应作怎样理解?

中国古代没有独立于政治之外的学术,所谓"文以载道",或指自然法则之道,或指人伦教化之道,无不与政治统治、政治思想紧密维系,老子论自然、人生之道,也不例外。本章所言"圣人无常心,以百姓心为心",指的是圣人治理国家,关键在于与百姓心心相通,浑化为一,具有一定的民主政治的性质。对此,朱谦之《老子校释》解释说:"此言圣人不师心自用,惟以百姓之心为心而已。"如果仅此理解,老子的政治理想与儒家的民主政治观并没有什么区别。如《尚书·皋陶谟》载:"天聪明,自我民聪明。"孟子也引《尚书·泰誓》之言"天视自我民视,天听自我民听"(《孟子·万章上》)以论证其民本思想。倘若由哲学的层面来看,显然老子与儒家学者的最高价值与目标是不同的,儒者以仁义为最高的价值体现,个人生命的道德原则是社会和谐的基石,而老子以道德为最高价值的体现,个人自由的自然原则是社会和谐的基石,所以道家的民主政治理想,是与无为政治的自然观紧密联系在一起的。由此反观老子的"圣人无常心",是圣人之心与道心合一,而道心为无,圣人之心亦为无,故称无心。心既虚无,则无所不包,故百姓之心即圣人之心,圣人之心即百姓之心。心既浑一,则善恶信伪均同在道化之中,没有差异。苏辙《老子解》指出:"善善而弃不善,信信而弃不信,岂所谓常善救人,故无弃人哉!天下善恶信伪,方各自是以相非相贼,不知所定,圣人忧之,故惵惵为天下浑其心,无善恶无信伪,皆以一待之。"浑其善恶信伪待之以一,即待之以道,则天下相非之争自息。由此再看下文"圣人在天下",言其爱民与之同心,则用"歙歙"(和合貌)以"浑"(混然不分)其"心",又正是无为而无不为的道家政治理想的浑沦表述。老子所言的"朴""婴儿""愚人",与这里的"孩之"一样,都是针对现实政治之弊端的矫枉而"复常"的境界。

五 十 章

出生入死[1],生之徒十有三[2],死之徒十有三,人之生,动之死地亦十有三[3]。夫何故?以其生生之厚[4]。盖闻善摄生者[5],陆行不遇兕虎[6],入军不被甲兵[7]。兕无所投其角,虎无所措其爪[8],兵无所容其刃[9]。夫何故?以其无死地[10]。

注释

〔1〕出:始,出世。入:卒,去世。《韩非子·解老》:"人始于生而卒于死,始之谓出,卒之谓入,故曰出生入死。"按:此泛指人的一生。

〔2〕徒:属,类的意思。一说:徒,释作"途",途径,道路。其说可参考。十有三:解说甚多,主要有三种:一是"十分之三"(王弼说)。二是指"四肢九窍",如《韩非子·解老》:"四肢与九窍十有三者,十有三者之动静尽属于生焉。"三是指"七情六欲":七情:喜、怒、哀、惧、爱、恶、欲;六欲:声、色、衣、香、味、室(参见高亨《老子注译》)。按:以王注为是。

〔3〕动之死地:高延第《老子证义》说:"谓得天本厚,可以久生,而不自保持,自蹈死地。"动,往往。

〔4〕生生:犹养生,求生。

〔5〕盖:起语词。摄生:养生。摄,持,养。

〔6〕陆:帛书本作"陵"。兕(sì):古代野牛类的兽名。

〔7〕被:加。按:不遇兕虎,不被甲兵,指的是善于养生的人不蹈死地,不冒生命危险。

〔8〕措:一作"错","措"的借字,意为放置。

〔9〕容:用。或解作"容纳",亦通。

〔10〕无死地:即不蹈死地。

文化史扩展

养生与游仙

老子所说的"善摄生者"的"摄生",就是养生。《世说新语·任诞》记述:"刘伶病酒渴甚,从妇求酒。妇捐酒毁器,涕泣谏曰:'君饮太过,非摄生之道,必宜断之。'"此为养生即摄生之例。而老子文中将摄生加以"神化",则对道家与道教的养生术有很大的影响。《庄子·养生主》写"庖丁解牛"故事,关键在去"形"而达"神",所以说:"吾闻庖丁之言,得养生焉。"成玄英疏:"遂悟养生之道焉。"养生之道,即养生之术。后世道教徒的主要养生法术有五类,即"辟谷"(节食),"服饵"(吃丹药),"调息"、"导引"(类似气功与运动)与"房中"(固精法)。如此养生,则能达到羽化登仙的境地。因此,在魏晋之世,道教兴盛,方术流行,出现了大量的游仙理论与游仙文学,如何劭、郭璞的《游仙诗》就是典型。

五十一章

道生之[1],德畜之[2],物形之[3],势成之[4]。是以万物莫不尊道而贵德。道之尊,德之贵,夫莫之命而常自然[5]。故道生之,德畜之,长之育之[6],亭之毒之[7],养之覆之[8]。生而不有,为而不恃,长而不宰,是谓玄德[9]。

注释

〔1〕之:代指"万物"。以下三"之"意同。

〔2〕德:河上公注:"德,一也。一主布气,而畜养之。"畜:畜养,养育。

〔3〕物形之:如《庄子·知北游》所说"万物以形相生",如马生马之属。物,物质。

〔4〕势:指产生万物的环境情势。

〔5〕莫之命:不加以命令和干涉。命,一作"爵",与命同义。常:固。

〔6〕长:生长。育:养育。帛书本作"遂"。

〔7〕亭之毒之:多本作"成之熟之",意同。亭,结果实。毒,成熟。毕沅、高亨都认为"亭"读"成","毒"读"熟",音同通用。

〔8〕覆:覆盖,保护。

〔9〕"生而"四句:此四句为第十章末段的重出。马叙伦《老子校诂》认为

十章末段是此处错简复出。

问题分析

1. "道生之,德畜之"与"道"的两重性,这是认识老子思想的一个关键问题。

老子论"道"与"德",有时相同,如"道"与"上德",有时不同,如"道"与"下德",有时同而不同,如本章"道生之,德畜之"言道与德的功用似有层次之别,而达到的效果或境界,又是相同的,"道"即"玄德"。其实,老子论"道"本身往往也有两重性。以本章所述为例:此开篇由"道生之"至"夫莫之命而常自然",是说道法自然的运行规律。因为万物从无而有,乃道化育之功,物之有得,又赖德以畜之,所以道德为万物之本。《庄子·天道》云:"天道运而无所积,故万物成。"成玄英疏:"言天道运转,覆育苍生,照之以日月,润之以雨露,鼓动陶铸,曾无滞积,是以四序回转,万物生成也。"此与老子所言道德化育万物之功相应,是道赋予万物生长之秩序与依据,即"长之育之,亭之毒之,养之覆之",是有形的万物生长及运行之规律。而另一方面,道又是自然而然的,不存在任何规定性与控制性,这也就是本章所说的"生而不有,为而不恃,长而不宰",这种不居功,不恃能,不主宰,不控制的特性,又是一种无形的力量,所以也不存在某种预设的规律,是"无为",是"浑沌"。由此再返观首章"道可道,非常道",也可印证本章老子论道的两重性,这与其思想终归于"玄妙"之境相关,形成了老子思想的模糊性及诗化特征。

2. "玄德"与人文自然的关系值得注意。自然与人生是对立的吗?

如前所述,老子论道与德时有异同,也或"体"或"用",如"道法自然"为"体",则"道生之"为"用";"德畜之"为"用",则"是谓玄德"又为"体"。如果依据中国古代哲学"体用不二"(熊十力语)的原则,

"生而不有,为而不恃,长而不宰"的"玄德"亦如"道法自然",这与明人曹端《太极图说述解序》所谓"圣心一天理而已,圣作一天为而已"的说法相近,是兼得体用,而综括"天"(自然)"人"(人文)的。徐复观研究中国古代人性论,对老子的自然人性论颇多探讨,而在撰写《中国艺术精神》时,自称"恍然大悟",以为"老、庄思想当下所成就的人生,实际是艺术地人生",他肯定的一点很重要,就是老子的人生也是"当下"的人生观。由此看本章老子将道之自然落实于圣人的"玄德",强调的终究还是人类社会的自然。对此,刘笑敢在他的《老子古今》中提出了"人文自然"的概念,并由此通贯老子的自然观与人生观,是精到而有意味的。比如他认为:"老子第七十七章讲到'天之道损有余而益不足,人之道损不足而奉有余'(帛书本)。似乎老子是将天与人、自然与人类对立起来的,其实不然。老子这样说恰恰是认为人之道应该效法天之道,实行'损有余而益不足'的原则。老子并没有将人文自然与天地自然对立起来。相反,人文自然与天地自然是一致与和谐的,而人文自然和天地自然都是道之自然的体现。"需要补充一点的是,中国古代哲人论述天人,皆以"人"体"天",老子的自然观,也是以人文自然为本,而推扩于天地自然的。

五十二章

天下有始^[1]，以为天下母^[2]。既得其母，以知其子^[3]；既知其子^[4]，复守其母。没身不殆^[5]。塞其兑^[6]，闭其门^[7]，终身不勤^[8]；开其兑，济其事^[9]，终身不救^[10]。见小曰明^[11]，守柔曰强。用其光，复归其明^[12]；无遗身殃^[13]，是为习常^[14]。

注释

〔1〕始：本始，指道。

〔2〕母：同"始"，喻根源。按：此句"以"前或有"可"字（如傅奕本）。

〔3〕子：指万物。

〔4〕知：或作"得"。

〔5〕没身：终身。殆：危险。

〔6〕兑（duì）：《周易·说卦》："兑为口。"引申为孔窍。《淮南子·道应训》"塞兑于民"高诱注："兑，耳目鼻口也。老子曰'塞其兑'是也。"

〔7〕门：与"兑"意同，亦指耳目等孔窍。《管子·心术上》："洁其宫，开其门。……门者，谓耳目也。"

〔8〕勤：马叙伦云："勤借为瘽。"瘽，病。"不瘽"与下句"不救"对应。"勤"一般按"勤劳"解，不取。

〔9〕济其事：即助成事情。济，益。

〔10〕救：帛书本作"棘"，简本作"迷"。迷，与上句"勤"义近，亦勤劳的意思。按：救，恐"迷"的误字。

〔11〕小：细微，指事物的苗头。意思是见微知著即为"明"。

〔12〕"用其"二句：光、明，两字义近。吴澄《道德真经注》："光之体谓之'明'。"此有韬光养晦的意思。

〔13〕遗：招致。殃：祸害。

〔14〕习常：因循常道。一作"袭常"，"习""袭"古通，释为因。

五十三章

使我介然有知[1],行于大道,唯施是畏[2]。大道甚夷[3],而民好径[4]。朝甚除[5],田甚芜[6],仓甚虚[7],服文采[8],带利剑,厌饮食[9],财货有余,是谓盗夸[10]。非道也哉!

注释

[1] 介然:有两种解释,一谓微小,一谓坚固。以后说为是。《荀子·修身》:"善在身,介然必以自好也。"杨倞注:"介然,坚固貌。"此指坚信。知:认识。

[2] 施:有三种解释,一谓施为,二谓夸张,三谓邪。取第三种说法,指斜路。王念孙《老子杂志》说:"施,读为迤(yǐ)。迤,邪也。言行于大道之中,唯惧其入于邪道也。"畏:惧怕。

[3] 大道:通衢。夷:平坦。

[4] 民:一作"人"。径:斜径,小路。《论语·雍也》:"行不由径。"邢昺疏:"遵大道不由小径。"

[5] 朝:宫室。除:整洁。

[6] 田:田野,此指庄稼。芜:荒芜。

[7] 虚:空虚。

[8] 服:穿戴。文采:指华丽的衣服。

〔9〕厌:借为"餍",饱足。

〔10〕夸:《韩非子·解老》引作"竽"。"夸""竽"同声系,古通用。据《韩非子》所解,盗竽(夸),即盗魁,强盗头子。毕沅释为"大盗",亦可。

问题分析

"道"与"盗",如此对立设论合理吗?

老子论道,分见各章,不一而足,而将"道"与"盗"对立设论,则仅见于此,表现其批判"大盗"而颂扬"大道"的思想。文中的"盗夸",诸家多解为大盗,《韩非子·解老》引作"竽"。"夸""竽"同声系,古通用。《解老》云:"大奸作则小盗随,大奸唱则小盗和。竽也者,五声之长者也。故竽先则钟瑟皆随,竽唱则诸乐皆和。今大奸作则俗之民唱,俗之民唱则小盗必和。故服文采,带利剑,厌饮食,而货资有余者,是之谓盗竽矣。"这盗竽或盗夸,犹如合唱中的领唱之人,是领头的强盗,是盗魁。正是这种盗魁败坏社会风气,危害性极大,所以老子才列举其罪过,要在自"饱"而民"困",故予以严厉的鞭挞和揭露。因为"大盗"不同于"小盗",大盗往往不动声色,或表面仁义,而行好货敛财之实;小盗如小偷小摸,盗得具体,盗得明确,所以动辄被逮。杜甫诗中痛斥"盗贼本王臣"(《有感》),民谚也有"只许州官放火,不许百姓点灯"的说法,正此印证。也因如此,老子为防止"盗亦有道"的迷惑与欺骗,于是严分"有道"与"非道",视"道"与"盗"如冰炭水火。如果勘进一步,老子在这里塑造的"大道"形象与"盗夸"形象,是对当时伪"圣人"不顾自然淳风毁销,社会世态浇漓,持"仁义"之崇高以欺世盗名的辛辣讽刺与诅咒。徐复观认为:老子的"玄同于万物,乃是从生命根源之地——德,以超越于万物之上,而加以含融。所以在玄同的同时,即所以完成自己个体生命的价值。决没有同流合污的意味在里面"(《中国人性论史》第十一章)。老子与世俗不同流,才对与社

151

会文明俱来的虚伪采取彻底否定的态度。也就是说,凡是一切不符合自然大"道"本性之"德"的东西,皆受其排拒、提撕。老子指出:"天地不仁""圣人不仁",是对人世间标榜"仁义"之名行欺诈之实的反拨,从而创设其"生而不有,为而不恃,长而不宰"的人文自然境界。他针对"大道废,有仁义""慧智出,有大伪"的社会现象,提出"虽智大迷""绝圣弃智",探其隐衷,恰如《韩非子·解老》所言"生心之所不能已"的深层忧患意识。老子这里的"道""盗"并举及其臧否,也应该作如此理解。

五十四章

善建者不拔[1],善抱者不脱,子孙以祭祀不辍[2]。修之于身[3],其德乃真;修之于家,其德乃余[4];修之于乡,其德乃长[5];修之于国[6],其德乃丰[7];修之于天下,其德乃普[8]。故以身观身,以家观家,以乡观乡,以国观国,以天下观天下[9]。吾何以知天下然哉[10]?以此[11]。

注释

〔1〕建:建立,建树。不拔:不动摇。

〔2〕辍(chuò):一作"绝",中止,断绝。《韩非子·喻老》引作"子孙以其祭祀,世世不辍"。

〔3〕修身:修治到一身。修,治。按:多本无自此以下五"于"字。

〔4〕乃余:多本作"有余",王弼注亦谓"修之家则有余"。

〔5〕长:长久。

〔6〕国:一作"邦",指城镇,区域。

〔7〕丰:大,厚。

〔8〕普:傅奕本作"溥",古通用,普及的意思。

〔9〕"故以"五句:意谓观察人之修身等,不须外求,但观其是否善建、善抱。

林希逸《老子真经口义》解说"即吾之一身而可以观他人之身……"等,是取修身、齐家的内省与推扩的意义。

〔10〕"天下然":多本为"天下之然"。

〔11〕以此:凭借上述方法。

问题分析

什么是"观"的功用?这是老子修身的要则吗?

本章昔人题名作"修观",指前半节论"修",即"修之于身""修之于家""修之于乡""修之于国"与"修之于天下";后半节论"观",即承前"修身"等列述"以身观身""以家观家""以乡观乡""以国观国"与"以天下观天下"。一般来讲,"修"取"修养"义,"观"取"观察"义。就文意来看,老子所说的"修之于身"等,与《礼记·大学》所言修身、齐家、治国、平天下并无大殊,意思是修于身德乃真,修于家德有余,修于乡德乃长,修于邦德乃丰,修于天下德乃普。《庄子·让王》载:"道之真以治身,其绪余以为国家,其土苴以治天下。由此观之,帝王之功,圣人之余事也,非所以完身养生也。"这虽然是道家的解读,但以修身为主是明显的。而此处之"观"仅作观察解,似未能尽老子之义。孔子亦言"观",最著名的是"诗可以兴,可以观,可以群,可以怨"(《论语·阳货》)。何晏集解引郑玄说:"观,观风俗之盛衰也。"皇侃义疏谓:"诗有诸国之风,风俗盛衰可以观览而知之也。"朱熹集注:"考见得失。"大意不出设身于外的观察。再看诸家对老子"以身观身"等的评注。如王弼注:"彼皆然也。"河上公注:"以修道之身观不修道之身,孰亡孰存也。"林希逸注:"即吾一身而可以观他人之身。"其解说虽或不同,但其方法则一,那就是主体是以内在之"己",取反观之义。魏源《老子本义》云:"一人之身,一家一乡一国一天下之身是也。千万人之性情,一身之性情是也。苟吾身之德既修,则以我之身,观人之身,彼此无异。是故家国天下之人虽不一,而彼家之身,犹此家之身,观于吾一家之人而足矣;彼国之身,犹此国之身,观于一国之人而足矣;即今之天下,亦古之天下;后之天下,亦今之天下。同此身即同此德。……以是知舍修而言建抱者,非善建善抱者也。"其中"以我之身,观人之身"说稍嫌著相,"今之天下"诸语又多率意发挥,然其解说大义,差近老子本义。这里应该强调的是,老子之"观",是种内在的反观,具省察鉴远的意义,宋代理学家如邵雍倡导"以物观物"之法,则显然与老学有关,不可轻忽。

五十五章

含德之厚,比于赤子〔1〕。蜂虿虺蛇不螫〔2〕,猛兽不据〔3〕,攫鸟不搏〔4〕。骨弱筋柔而握固,未知牝牡之合而朘作〔5〕,精之至也。终日号而不嗄〔6〕,和之至也。知和曰常〔7〕,知常曰明,益生曰祥〔8〕,心使气曰强〔9〕。物壮则老,谓之不道,不道早已〔10〕。

注释

〔1〕赤子:即婴儿,喻含德纯厚之人。

〔2〕蜂虿(chài)虺(huǐ)蛇:河上公本、景龙本均作"毒虫",王弼注亦作"毒虫",河上公注作"蜂虿虺蛇",所以俞樾认为今王本以河本注误入正文。然帛书甲、乙本均作"蜂虿虺蛇",可证俞说非是。虿,蝎类,长尾为虿,短尾为蝎。虺,一种毒蛇,即虺,土色无纹。螫(shì):同"蜇",毒虫叮咬。

〔3〕据:兽类用爪抓物。不据:不抓扑。

〔4〕攫(jué)鸟:猛禽。攫,鸟类用爪取物。搏:捕捉。

〔5〕朘(zuī):也写作"峻",《说文》谓"赤龙阴",即男婴生殖器。王弼本原作"全","朘""全"音近假借。今依河上公本、唐碑本改。作:挺举。

〔6〕号:有声无泪之哭。嗄(shà):嘶哑。帛书本作"嚘",简本作"忧"。嚘

(yōu),《说文·口部》:"气未定貌。"《玉篇·口部》:"气逆。"亦可解。

〔7〕曰:犹"则"。常:正常,指生命的规律。

〔8〕益生:纵欲贪生。《庄子·德充符》:"常因自然而不益生也。"祥:为"殃"的假借,"殃"即"殃"的异文,即灾殃。

〔9〕心使气:精神亢奋,气不平和。强:傅奕本作"彊",马叙伦认为"借为僵",如《庄子·则阳》"推而彊之",《玉篇》引作"僵"。僵,仆,喻斫丧。此说可取。

〔10〕"物壮"三句:已见第三十章,重出。解见前。

文化史扩展

赤子与童心

赤子说源出《尚书·康诰》:"若保赤子,惟民其康乂。"孔颖达疏:"子生赤色,故言赤子。"引申为子民百姓,又引申出天然、真淳、质朴之义。而赤子之"童心",也成为中国古代文艺审美的一种至高境界。明代学者李贽撰《童心说》,指出"童心者,真心也",是"绝假纯真,最初一念之本心"。而由论人移之论文,李贽提出了他著名的文章"童心"说:"天下之至文,未有不出于童心焉者也。苟童心常存,则道理不行,闻见不立,无时不文,无人不文,无一样创制体格文字而非文者。诗何必古选,文何必先秦。降而为六朝,变而为近体,又变而为传奇,变而为院本,为杂剧,为《西厢》曲,为《水浒传》,为今之举子业,皆古今至文,不可得而时势先后论也。故吾因是而有感于童心者之自文也,更说什么《六经》,更说什么《语》《孟》乎?"

五十六章

知者不言,言者不知[1]。塞其兑,闭其门[2],挫其锐,解其纷,和其光,同其尘[3],是谓玄同[4]。故不可得而亲,不可得而疏,不可得而利,不可得而害,不可得而贵,不可得而贱[5]。故为天下贵[6]。

注释

〔1〕"知者"二句:蒋锡昌《老子校诂》解,"知者"为知道之君,"言者"为多言有为之君,可从。一谓"知"作"智",亦相通。

〔2〕"塞其"二句:同见第五十二章。说见前。

〔3〕"挫其"四句:同见第四章。说见前。纷,王弼本原作"分",与前同,当作"纷"。

〔4〕玄同:指微妙浑成的道。

〔5〕"故不"六句:指达到玄同境界的人,就无所谓亲疏、利害、贵贱。

〔6〕天下:指天下人。贵:尊贵。

问题分析

1."知"与"言"的关系,老子是怎样看待的?

"知者不言,言者不知",河上公注作"知者贵行不贵言""驷不及舌,多言多患";王弼注作"因自然""造事端",其意相近,"知"通于"智"。陈鼓应《老子注译及评介》据严灵峰说,引述白居易诗"言者不智智者默"、高丽版影印李朝《道家论辨牟子理惑论》引作"智者不言"、日本《大藏经牟子理惑论》引作"智者不言,言者不智",确定"知"即"智"。倘若如注,取蒋锡昌说,知者解作"知道之君",言者解作"多言之君",针对性较强,其根本意义却没有变化,同样存在着"知"与"言"的矛盾。为说明这一点,试引述《庄子·知北游》中的假托"知""无为谓""狂屈""黄帝"等人物的一段对话:"知北游于玄水之上,登隐弅之丘,而适遭无为谓焉。知谓无为谓曰:'予欲有问乎若,何思何虑则知道?何处何服则安道?何从何道则得道?'三问而无为谓不答也。非不答,不知答也。知不得问,反于白水之南,登狐阕之上,而睹狂屈焉。知以之言也问乎狂屈。狂屈曰:'唉!予知之,将语若,中欲言而忘其所欲言。'知不得问,反于帝宫,见黄帝而问焉。黄帝曰:'无思无虑始知道,无处无服始安道,无从无道始得道。'知问黄帝曰:'我与若知之,彼与彼不知也,其孰是邪?'黄帝曰:'彼无为谓真是也,狂屈似之,我与汝终不近也。夫知者不言,言者不知,故圣人行不言之教。'"这虽是一则寓言,但其所表达的意思正在于不言之知,乃为真知;欲言其知而忘其言,尚属近似;自以为知而逞其雄辩,必陷于"多言数穷"的困境。老子并不是单纯地肯定"知",也不是单纯地否定"言",而是以否定的方式讨论"知"与"言"的关系,以说明常道之"大知"的不可言说,而不言之教才能导人行道。

2.关于"玄同"究竟该如何理解?

何谓"玄同"?王道《老子臆》谓:"玄同者,与物大同而又无迹可见也。"此以《老》注《老》,以老子"道之为物,惟恍惟惚"解"玄同",即玄妙齐同的道的境界。从文意上解,老子例举了"玄同"的要素有:

"塞兑",严守不言之教;"闭门",拒纳多言之知;"挫锐",挫其内潜之锐气;"解纷",解其外来之纷争;"和光",和合日月之光华;"同尘",混同山川之尘垢。如此,则上下荣辱物我皆无,此即为玄同之境。值得注意的是,"玄同"是承"不言"而来,对此,蒋锡昌《老子校诂》列举《老子》中如"行不言之教"(第二章)、"多言数穷,不如守中"(第五章)、"不言之教,无为之益,天下希及之"(第四十三章)等,以说明其无为政治的功用。如果绾合哲学与社会学来看待由"不言"到"玄同",又有两点值得注意:一是知识的有限性,包括语言知识的有限性,所以老子倡导"玄同",是有摆脱"言不尽意"困扰的意义,这也是其"塞兑""闭门"的要则之一。另一是社会的矛盾性,为了摆脱诸如是与非、利与害、亲与疏、贵与贱,乃至美与丑、真与假、善与恶的这些始终存在并尖锐冲突的矛盾,老子强调"挫锐""解纷""和光""同尘",以超脱社会的竞争,达到"玄同"的境界。苏辙《老子解》述此章义云:"凡物可得而亲,则亦可得而疏;……可得而贵,则亦可得而贱。体道者均覆万物而孰为亲疏?等观逆顺而孰为利害?不知荣辱而孰为贵贱?情计之所不及,此所以为天下贵也。"此归于老子的体道思想,无疑是正确的。

五十七章

以正治国[1],以奇用兵[2],以无事取天下[3]。吾何以知其然哉?以此[4]。天下多忌讳[5],而民弥贫[6];民多利器[7],国家滋昏[8];人多伎巧[9],奇物滋起[10];法令滋彰[11],盗贼多有[12]。故圣人云:"我无为而民自化,我好静而民自正,我无事而民自富,我无欲而民自朴。"[13]

注释

〔1〕正:通"政",指规范的政教法令。

〔2〕奇:出奇,权诈。

〔3〕无事:无为。取:治。

〔4〕以此:高明因帛书本无此二字,断为衍文。今见简本亦无,高说甚是。

〔5〕忌讳:指禁令。忌,禁。讳,避。《楚辞·七谏·谬谏》王逸章句:"所畏为忌,所隐为讳。"

〔6〕弥(mí):更加,越。贫:简本作"叛"。

〔7〕利器:泛指各类工具(包括兵器)。

〔8〕国家:帛书甲本作"邦家"。滋:更加。昏:混乱。

〔9〕伎:与"技"同,指技巧,智慧。

〔10〕奇物:新奇之物。按:《礼记·王制》列"奇器"与"淫声、异服、奇技"于"四杀"之列。

〔11〕法令:一作"法物"。滋彰:指(法令)周密显明,纤细不遗。彰,明白。

〔12〕多有:越来越多。

〔13〕"我无为"四句:此四句为老子所引古语。自朴,自然淳朴。

文化史扩展

老子与孙子

李耆卿《文章精义》:"《老子》《孙武子》一句一语,如串八宝,珍瑰间错而不断,文字极难学。惟苏老泉数篇近之。"此就文法而言,未论及《老子》与《孙子》思想的异同。老子本章说的"以奇用兵",对应于孙子的言论,正是那种"攻其无备,出其不意"(《孙子·计篇》)的兵略。《老子》七十三章云:"天之道,不争而善胜,不言而善应,不召而自来,繟然而善谋。天网恢恢,疏而不失。"《孙子》中亦有类似之义,如"是故百战百胜,非善之善者也;不战而屈人之兵,善之善者也"(《谋攻》),此类似"不争而善胜";"施无法之赏,悬无政之令。犯三军之众,若使一人。犯之以事,勿告以言;犯之以利,勿告以害"(《九地》),此类似"不言而善应";"故善战者,致人而不致于人。能使敌人自至者,利之也;能使敌人不得至者,害之也"(《虚实》),此类似"不召而自来"(参见李零《人往低处走》中《老子》七十五章的"讨论")。他如老子所说"善战者不怒,善胜敌者不与"(第六十八章)、"抗兵相加,哀者胜矣"(第六十九章),或自述之语,或引用兵书,均与孙子有相近的地方。当然,兵家讲究主动,否则会失去战机,所谓"先处战地而待敌"(《孙子·虚实》)、"兵之情主速,乘人之不及,由不虞之道,攻其所不戒"(《九地》),则显然不同于老子讲的"不敢为天下先"(第六十七章)的思想,孙子重权谋,老子讲谦德,这又是两者的根本不同之处。

五十八章

其政闷闷[1],其民淳淳[2];其政察察[3],其民缺缺[4]。祸兮福之所倚[5],福兮祸之所伏[6]。孰知其极[7]?其无正[8]。正复为奇[9],善复为妖[10]。人之迷,其日固久[11]!是以圣人方而不割[12],廉而不刿[13],直而不肆[14],光而不耀[15]。

注释

〔1〕闷闷:懵懂,暗昧不明。一作"闵闵",义通。

〔2〕淳淳:诚朴,淳厚。一作"醇醇",义通。

〔3〕察察:精审,明察。此指行政严苛。

〔4〕缺缺:高亨《老子正诂》认为:"缺,疑借为猰。""缺""猰"古通用,释为诈,即狡诈。

〔5〕倚:依靠。

〔6〕伏:隐藏。

〔7〕极:终。河上公注:"祸福更相生,谁能知其穷极时。"

〔8〕正:朱谦之《老子校释》云:"正,读为定。言其无定也。《玉篇》:'正,长也;定也。'此作定解。……其无定,即莫知其所归也。"此解可从。帛书本"正"后有"也"字。

〔9〕奇:怪异,反常。

〔10〕妖:妖孽,灾害。

〔11〕"人之"二句:此二句诸本多异,或作"人之迷也,其日固久矣",或作"人之迷也,其日故以久矣",或作"其日故已久矣"。其日固久,由来已久。

〔12〕不割:不伤手。按:方则有隅,有隅则割手。

〔13〕廉:通"棱",棱角。刿(guì):《说文》:"刿,利伤也。"不刿,此指锐不伤手。

〔14〕直:直率。肆:放肆,无顾忌。

〔15〕光:光亮。耀:光亮炫目。

问题分析

为什么说"祸福相倚"?

老子论祸福相依之理,破正奇善妖之迷,前人注解已多,今人论述,更重其辩证思考。如冯友兰《中国哲学史新编》认为"老子哲学中的辩证法思想是春秋战国时期社会的剧烈的变革在人们思想中的反映",老子已"认识到宇宙间的事物都在变化之中"。童书业《老子思想研究》说:"老子至少已经知道矛盾统一的规律,相反的东西是可以相成的……例如'祸'是'福之所倚','福'是'祸之所伏';相反相成,变化发展……这种观察事物的辩证方法,是老子哲学上的最大成就。"诸说从哲学思维方法上对老子的肯定,无疑是合理的。不过,落实到老子思想本身,并将其祸福观融入其思想整体之中,则不限于某种方法或概念,而是具有丰富的自然与社会内涵。

就其大者,老子的祸福观正体现了他对天地自然永恒的认知,与对社会人生无常的质疑。天地自然的永恒,所谓四时转序,云行雨施,有余则必损之,不足必当济之,这就是老子"道"的公正性,这样理解老子的祸福观,既是一种辩证方法,也是一种循环理论。《文子·微明》云:"德之中有道,道之中有德,其化不可极。阳中有阴,阴中有阳,万事尽然,不可胜明。……故曰:'祸兮福所倚,福兮祸所伏;孰知其极?'"此就自然论而生发的话语。《说苑·敬慎》引老子祸福相倚语谓:"戒之慎之,君子不务,何以备之?夫上知天则不失时,下知地则不失财,日夜慎之,则无灾害。"说明的也是顺应自然的道理。另一方面,由于社会人事处于无常之变化之中,所以大而言之,圣人有为以济民,结果是残民害民;小而言之,个人处事,倘骄矜有为,获得有福之身,结果诚如《韩非子·解老》中对老子祸福观的解读:"人有福则富贵至,富贵至则衣食美,衣食美则骄心生,骄心生则行邪僻而动弃理。行邪僻则身死夭,动弃理则无成功。夫内有死夭之难,而外无成功之名者,大祸也;而祸本生于有福。"最典型的还有《淮南子·人间训》记述的"塞翁失马"的故事:"近塞上之人,有善术者马无故亡而入胡。人皆吊之。其父曰:'此何遽不为福乎?'居数月,其马将胡骏马而归。人皆贺之。其父曰:'此何遽不能为祸乎?'家富良马,其子好骑,堕而折其髀。人皆吊之。其父曰:'此何遽不为福乎?'居一年,胡人大入塞,丁壮者引弦而战,近塞之人,死者十九,此独以跛之故,父子相保。"此演绎老子祸福相依之说而成,说明人生无常而更宜顺应自然的道理。因此,老子继祸福之理,在下章开篇即说"治人事天莫若啬",即少费人力,以"道莅天下",才能达到"无为而无不为"的效绩。

五十九章

治人事天莫若啬[1]。夫唯啬,是谓早服[2]。早服谓之重积德[3]。重积德则无不克[4],无不克则莫知其极[5]。莫知其极,可以有国[6]。有国之母[7],可以长久。是谓深根固柢,长生久视之道[8]。

注释

[1] 事:侍奉,奉行。啬(sè):吝啬。引申为珍藏,爱惜。《韩非子·解老》:"啬之者,爱其精神,啬其智识也。"下句之"啬",可解"俭德"。

[2] 早服:先作好准备。早,先。服,得;一作"复",解作归复,即归复于道,亦通。

[3] 重:厚。取厚积薄发义,故下句谓之"无不克"。

[4] 无不克:指厚德之人战无不胜。克,胜。

[5] 极:边际,极限。

[6] 有国:执掌国家政权。

[7] 母:根本,亦喻道。

[8] 久视:指长久生存。视,活,生活。

六十章

治大国若烹小鲜[1]。以道莅天下[2],其鬼不神[3]。非其鬼不神[4],其神不伤人[5]。非其神不伤人,圣人亦不伤人。夫两不相伤[6],故德交归焉[7]。

注释

〔1〕烹:煎。小鲜:小鱼。鲜,一本作"鳞"。

〔2〕莅(lì)天下:治理天下。莅,临。

〔3〕鬼:任继愈《老子绎读》引章太炎说,谓鬼即"夔"字,为人形的怪兽,被人视为异类,引申作异常之事、异常之物。其说可取。不神:不灵。神,灵,用作动词。

〔4〕非:"不惟"二字的合音。神:指神发挥作用。

〔5〕伤:伤害。

〔6〕两:指神与圣人。不相伤:意谓有道莅天下,人、神相和。

〔7〕德交归:指人们感佩神与圣人的恩德,俱归之于得道之圣人。交,俱。

文化史扩展

1. 天下

古人言及"天下",有时类同"中国"。在古籍中,家、国、天下连称,指积家成国,积国成天下,于是谓统一诸国,即得天下,诸国分裂,则失天下。此国乃诸侯藩国之"国",而非"中国"。夏、商、周三代联邦,统摄于周天子,其统一天下,也就是统一中国。然而根据文献旧籍,"中国"又同"诸夏",如《左传·定公十年》载孔子语"裔不谋夏,夷不乱华",孔颖达疏:"中国有礼仪之大,故称夏;有服章之美,谓之华。"由此义项,"华夏"同于"中国",而不同于"天下"。《礼记·曲礼》"君天下曰天子",郑玄注:"天下谓外及四海也。今汉于蛮夷称天子,于王侯称皇帝。"《尚书·大禹谟》:"奄有四海,为天下君。"所谓"四海",《尔雅·释地》解释是:"九夷、八狄、七戎、六蛮谓之四海。"由此可见,以华夏兼及夷、狄、戎、蛮,乃为四海,并称天下,所以从此义项,天下并非国土概念,而是古人大一统的政治理想。

2. 鬼神

古代"鬼神"并称,并无褒"神"贬"鬼"之义,如受不由自主的无形力量支配,则谓之"鬼使神差";言天造地设,非人力所为,则谓之"鬼设神使";形容哭声凄厉的悲惨景象,则谓之"鬼哭神号"。推究根本,在于中国古代原始宗教的鬼神崇拜观念。具体说法有两种:一是《礼记·乐记》所言:"圣人之精气谓之神,贤知之精气谓之鬼。"此仅有层次之分,并无善恶之判。二是《吕氏春秋·顺民》高诱注所言:"天神曰神,人神曰鬼。"这正是古代原始宗教中的"三才"之道,即天神、地神与人鬼,屈原《九歌》的神灵,如"东皇太一"、"东君"(天神),"河伯"、"山鬼"(地神),"国殇"(人鬼),即兼取天、地、人神灵的礼赞。

六十一章

大国者下流[1],天下之交,天下之牝[2]。牝常以静胜牡[3],以静为下[4]。故大国以下小国[5],则取小国[6];小国以下大国,则取大国[7]。故或下以取[8],或下而取[9]。大国不过欲兼畜人[10],小国不过欲入事人[11]。夫两者各得其所欲,大者宜为下[12]。

注释

〔1〕下流:喻江海,此指大国所处之地位。王弼注:"江海居大而处下,则百川流之;大国居大而处下,则天下流之。故曰大国下流也。""大国者"后,多本有"天下之"三字。河上公本作"故大国者宜为下",范应元本作"治大国若居下流",可以参考。

〔2〕"天下"二句:此二句"交""牝"二字位置或互换。帛书甲本作"天下之牝,天下之交也"。交,汇,归会。牝,雌,母性。

〔3〕以静胜牡:意同第二十六章"静为躁君"。牡,雄性。

〔4〕下:谦下。按:此章河上公本署标题"谦德",下即谦德。

〔5〕以下:犹"而下"。

〔6〕取小国:使小国归附。

〔7〕取大国:被大国信任。

〔8〕以取:取人。

〔9〕而取:取于人。按:"以取"主动,"而取"被动。

〔10〕兼畜人:指兼聚众小国。畜,畜养。

〔11〕入事人:指依附于大国。

〔12〕"大者"句:吴澄《道德真经注》:"两者皆能下,则大小各得其所欲。然小者素在人下,不患乎不能下;大者非在人下,或恐其不能下。故曰:大者宜为下。"吴说是。

问题分析

"大国"为何居"下流"?

本章论大国与小国间的关系,提出"居下流""牝胜牡""宜为下"等,实皆借喻以明道。读此章当与上章相表里:上章以烹小鲜喻治大国之术,此以"下流"喻治大国之道。居"下流",即"江海所以能为百谷王者,以其善下之"(第六十六章)的意思。而继谓"天下之交",即百川汇海之义。而"天下之牝",即守静制胜之义。这也就自然引出"牝常以静胜牡,以静为下",强调守静之要,更强调居下之功。守静,居下,皆谦德之形于外者。《周易·谦》所谓"谦尊而光",当为此论之所本。当然,此虽论"道",然借喻必与喻体有着内在的联系,这里所言"下流",在"牝",在"静",大国与小国之"交",在"下",在"胜",这皆与老子的"守其雌""柔弱胜坚强"所表现的意旨一致。所以郑良树《老子新校》认为:"此节上下文既以牝母为主题,窃疑'交'当解作阴阳交媾、男女交合,方合本义。此谓天下阴阳之大交媾也,牝母屡以静制胜雄牡,盖牝母能静也;故大国当取法于此,以静以谦为宜也。"此勘原喻体本义,不无道理。但我们必须认识到老子采用这些词语或意象,在于借喻,目的是阐发自然之道、治国之道及人生之道,如果过分地凸显喻"体",解"交"为性交,解"牝胜牡"为房中术,解"下流"为交合体位,恐怕反而限于词语解读,有乖老子初衷。老子所处时代,正是大国以强势与强力兼并小国,社会战乱,民不聊生,有憾于此,强调大国对待小国,宜"谦德"为怀,这才是老子惩世而寄托的政治理想。

文化史扩展

国

古代"国"作为区域有三解:一统指国家,《周礼·天官·大宰》:"以佐王治邦国。"郑玄注:"大曰邦,小曰国。"邦国指周天子之下的诸侯王国,是正确的,但谓大邦小国,却仅是一种说法,因为先秦文献早有"大国"之说。除老子所言"大国",《论语·先进》记载子路对问有"千乘之国,摄乎大国之间"的说法,"大国"与"小国"都指诸侯王国。二专指国都、城邑,如《左传·隐公元年》:"先王之制,大都不过参国之一。"《国语·周语》:"国有班事,县有序民。"国指的是城邑。三指封地、食邑,如《战国策·齐策》"孟尝君就国于薛",这是小于邦国的封地。考查古代"中国"的概念,则是有由京都到中原乃至诸夏的变化过程。《诗·大雅·民劳》:"民亦劳止,汔可小康。惠此中国,以绥四方。"郑笺:"中国,京师也。"又如《诗·大雅·荡》:"文王曰咨,咨女殷商。女炰烋于中国,敛怨以为德。"诗写周文王斥责殷商失德,其言"中国"已是较大的区域概念。到了《左传·昭公九年》所载周景王使詹桓伯责备晋的一段话,中国已等同诸夏。汉代扬雄《法言·问道》记述:"或曰:孰为中国?曰:五政之所加,七赋之所养,中于天地者为中国。"班固《白虎通·京师》强调说:"王者京师必择土中何?所以均教道,平往来,使善易以闻,为恶易以闻,明当惧慎,损于善恶。"这又是由地域的中国提升到文化中国,即由京都文化中心推扩到华夏文化中心的观念。

六十二章

道者,万物之奥[1],善人之宝,不善人之所保[2]。美言可以市,尊行可以加人[3]。人之不善,何弃之有[4]?故立天子,置三公[5],虽有拱璧[6],以先驷马[7],不如坐进此道[8]。古之所以贵此道者何?不曰以求得[9],有罪以免邪?故为天下贵[10]。

注释

〔1〕奥:帛书本作"注",当为"主"。高亨引《礼记·礼运》"故人以为奥也",郑注"奥,主也",认为:"此奥字疑亦主义。万物之奥犹言万物之主也。"

〔2〕"善人"二句:王弼注:"宝以为用也,保以全也。"意指善人重道如宝,可以为用;不善人虽不尊道,其保持道也可全身。

〔3〕"美言"二句:《淮南子·道应训》《人间训》并引作"美言可以市尊,美行可以加人。"以"美言""美行"并举。今本多从此,然旧本无一同《淮南子》所引,不可轻取。市,买,换取。加,超越,可释施加影响。

〔4〕"何弃"句:此句意为人有不善之处,也没有将其抛弃的道理。第二十七章所谓"圣人常善救人,故无弃人",与此相类。弃,抛弃。

〔5〕三公:周制三公为太师、太傅、太保。

〔6〕拱璧:拱抱的玉璧,为古之珍品。

〔7〕驷马:四匹马驾的车,为尊者所乘。

〔8〕坐进此道:跪而进献此道。坐,跪。进,呈。

〔9〕以求:多本作"求以"。俞樾云:"'求以得'正与'有罪以免'相对成文。"其说可从。

〔10〕贵:任继愈《老子绎读》认为老子所用汝、颖一带方言,"贵"读为"归",取归依、归附义。

文化史扩展

1. 三公

"三公"为古代最高官职,辅助国君掌握军政大权。先秦时代,据《尚书·周官》:"立太师、太傅、太保,兹惟三公,论道经邦,燮理阴阳。"此指周朝的三公。又据《公羊传·隐公五年》解释:"天子三公者何?天子之相也。天子之相,则何以三?自陕而东者周公主之,自陕而西者召公主之,一相处乎内。"此又一说法。秦汉以后,实行三公九卿制。三公之名也有所变化。秦汉前期三公为丞相、太尉、御史大夫,其中丞相总揽政事,太尉主管军事,御史大夫为丞相副手,负责秘书工作及对百官的监督。西汉后期,则以大司马、大司徒、大司空为"三公",东汉又以太尉、司徒、司空为"三公"。据《汉书·百官公卿表》,"三公"也称"三司"。唐宋以后,仍有三公之名,但已无实权,明清时代只用作大臣的加衔,成为荣誉官职。

2. 驷马

古代一车套四马,所以以"驷马"称四马之车或车之四马。《诗·小雅·采菽》:"载骖载驷,君子所届。"又《论语·季氏》:"齐景公有马千驷。"皇侃疏:"马四匹为驷。千驷,四千匹也。"而驾车马匹的多少,与古代官制有关。如汉代郡太守乘"驷马",出行则加一马。如《陌上桑》古辞有"使君从南来,五马立踟蹰"。徐陵《玉台新咏》卷一吴兆宜注引《汉官仪注》:"驷马加左骖右骈,二千石有左骖,以为五马。"又引《道斋闲览》:"汉朝臣出使为太守,增一马,故为五马。"

六十三章

为无为,事无事,味无味[1]。大小多少[2],报怨以德[3]。图难于其易[4],为大于其细。天下难事,必作于易;天下大事,必作于细[5]。是以圣人终不为大[6],故能成其大[7]。夫轻诺必寡信[8],多易必多难。是以圣人犹难之[9],故终无难矣。

注释

〔1〕"为无为"三句:王弼注:"以无为为居,以不言为教,以恬淡为味,治之极也。"蒋锡昌以《老》证《老》:"三章:'为无为,则无不治',即此'为无为'之义。四十八章:'取天下常以无事',即此'事无事'之义。三十五章:'道之出口,淡乎其无味',即此'味无味'之义。"

〔2〕大小多少:注家多以大、小为动词,即视小若大,视少若多。姚鼐、蒋锡昌均认为"不可解,当有误文"。马叙伦推测"是古注文"。

〔3〕怨:怨恨。德:恩德。此句即"以德报怨"义。

〔4〕图难:克服困难。图,考虑,处理。

〔5〕"为大"数句:此数句取防微杜渐义。作,始。

〔6〕不为大:意谓不忽略细微。

〔7〕成其大:完成大事。

〔8〕诺:承诺,应许。信:信誉,诚信。

〔9〕犹:仍然,还是。难(nàn):作动词,视易为难。

文化史扩展

报

在中国古代文化史上,"报"是一个具有丰富历史内涵的词语,并形成一种"报"的文化精神。中国人讲究知恩图报,即"报恩""报德";讲究有仇必报,即"报怨""报仇";讲究论功行赏,即"报功";讲究尽忠为国,即"报国";讲究投桃报李,即"回报";讲究天人感应,善恶必报,即"报应";讲究敬畏神灵,如"报岁",论其根本,在于"报本反始"。就字义而言,"报"的义项甚多,而具丰富文化内涵的,举要有三:一是"回报",如《诗·卫风·木瓜》:"投我以木瓜,报之以琼琚。匪报也,永以为好也。"此义项包括报恩与报仇,如《史记·范雎蔡泽列传》记范雎"一饭之德必偿,睚眦之怨必报"。二是"果报",即种因而得果,如刘向《说苑·贵德》:"夫有阴德者必有阳报,有隐行者必有昭名。"后来佛教所言的"业报",同此善报、恶报之意。三是"祭名",所"报"指祭祀之主。《毛诗·周颂·良耜序》:"良耜,秋报社稷也。"指秋天是收获的季节,人们祭祀社(土地)神、稷(谷)神以"报"。重"报"是中国文化的基本特征之一,而如何"报"则各自不同。如老子所言"报怨以德"(以德报怨)就与孔子的"以直报怨"的思想不同。据《论语·宪问》记载,人问孔子:"以德报怨,何如?"孔子的回答是:"何以报德?以直报怨,以德报德。"孔子的"以直报怨"思想与他笔削《春秋》,常以一字定褒贬有关,这与他倡夷夏之大防,辨是非之真伪,重义利之判辨的意志相符。而老子主张"报怨以德",其"德"是"玄德""上德"之"德",是"生而不有""为而不恃"的谦德,亦即"道"的精神,所以也不能简单理解为以"恩惠"报"怨仇",而是不报之"报",乃为大报。

六十四章

其安易持[1]，其未兆易谋[2]，其脆易泮[3]，其微易散[4]。为之于未有，治之于未乱。合抱之木，生于毫末[5]；九层之台，起于累土[6]；千里之行，始于足下。为者败之，执者失之[7]。是以圣人无为，故无败；无执，故无失。民之从事，常于几成而败之[8]。慎终如始[9]，则无败事。是以圣人欲不欲[10]，不贵难得之货[11]；学不学[12]，复众人之所过[13]。以辅万物之自然而不敢为[14]。

注释

〔1〕安：安定。持：保持，维持。

〔2〕兆：征兆，事情的苗头。谋：谋划。

〔3〕泮（pàn）：一作"判"，散，解，分。

〔4〕散：消解。按：此四句王弼注："此四者，皆说慎终也。……虑终之患如始之祸，则无败事。"

〔5〕毫末：细小的萌芽。

〔6〕累（léi）土：指一筐土。累，读为蔂，或作"虆"，土笼。

〔7〕执：把持。失：丧失。

〔8〕几(jī)成：接近完成。几，差不多。

〔9〕慎终如始：认真对待终结如同对待开端。

〔10〕欲不欲：欲人之所不欲。

〔11〕难得之货：指人之所欲，如珠玉宝器。

〔12〕学不学：学人之所不学。

〔13〕复：反，返。此处释"补救"。过：过失。

〔14〕辅：辅助。自然：自成。

问题分析

"慎终如始"与"道心惟微"：两者是相同还是相异？

古代哲人多讲"慎始"，老子这里用了"合抱之木，生于毫末；九层之台，起于累土；千里之行，始于足下"三句形象的语言加以表述，最为著名。而问题在于，老子哲学不仅重视"慎始"，亦重"慎终"，即"慎终如始，则无败事"。由于视终如始，故而如履薄冰，毫无懈怠之隙，因此昔人题此章名为"守微"。《周易·系辞下》云："君子知微知彰，知柔知刚。"《尚书·大禹谟》云："道心惟微。"皆明守微之道。问题是，"道心惟微"的依据或对立面是"人心惟危"，因履"危"而守"微"，正与老子的"道心"相符。老子说"搏之不得，名曰微"（第十四章），"微妙玄通"（第十五章），"是谓微明"（第三十六章），所致力于微，守微，亦守道之义。在老子看来，人心之"危"，在于有"为"。"为者败之，执者失之"，世人心存得失，急于事功，忽于大生于小、高起于下、远由于近之理，以为非为不成，非执不留，此乃病根。老子倡导"慎终如始"，是告诫世人应弃有为固执之见，始于无为，终于无为，则可无为而无败失。这也就是老子紧接着说的"圣人欲不欲"。什么叫"欲不欲"，王弼认为是"以辅万物之自然而不敢为，将各安其性命之常，而事物无所兆矣，更何脆之可泮，微之可散"。如何辅万物之自然，关键又在一"复"字。河上公注"复众人之所过"云："众人学问〔皆〕反，过本为末,过实为华。复之者,使反本也。"这"复"字,在老学中极为重要,所谓"万物并作,吾以观其复"(第十六章)。如能复命,则万物归根。于是"慎终如始",也就是"复常"的过程,使人得以守"微"而避"危",亦即"保此道"而已。

六十五章

古之善为道者[1],非以明民[2],将以愚之[3]。民之难治,以其智多[4]。故以智治国,国之贼[5];不以智治国,国之福。知此两者亦稽式[6]。常知稽式,是谓玄德[7]。玄德深矣,远矣,与物反矣[8],然后乃至大顺[9]。

注释

〔1〕"古之"句:此句帛书甲本作"故曰为道者"。得道者,得道的人。

〔2〕明民:使民巧伪多智。明,用作动词,巧伪多智。

〔3〕愚之:谓使民归于淳朴。愚,淳朴,守真。之,指民。

〔4〕智多:或作"多智""多知"。王弼注:"多智巧诈,故难治也。"

〔5〕贼:伤害。河上公注:"使智慧之人治国之政事,必远道德,妄作威福,为国之贼也。"

〔6〕稽式:法则,法式。多本作"楷式"。"稽"为"楷"之借字。

〔7〕玄德:同见第十章注〔13〕。

〔8〕与物反:指与用智的行为相反。物,事物,指用智的行为。

〔9〕大顺:林希逸云:"大顺即自然也。"意为返朴还淳,顺应自然。

问题分析

1. 愚、愚人与愚民，"愚"的内容及其相关问题应该如何认识？

前人称老子说"大智若愚"，但传世本《老子》并无此语，恐怕是对老子"大音希声""大器晚成"等话语的习惯性类推，然其说法，却符合老子言"愚"之本义。今本《老子》"愚"字凡三见，即"我愚人之心也哉"（第二十章）、"前识者，道之华而愚之始"（第三十八章）与本章之"非以明民，将以愚之"。特别是本章的"非以明民，将以愚之"的说法，人们结合老子的"反智"论，将其理解为"愚民"思想。这样，老子一方面强调"圣人无常心，以百姓心为心"（第四十九章）的"民"主政治，一方面又倡导"愚民"政治，二者必然产生冲突。

将老子之"愚"作"愚民"看，取意"愚弄"，在先秦文献中，如《左传·襄公四年》所云"施赂于外，愚弄其民"，即此义。然而更多的仅作形容词用，并无"愚弄"的意思。如《论语》中所说的"回也不愚"（《为政》）、"柴也愚，参也鲁"（《先进》），《墨子·非儒下》之"则赣愚甚矣"、《韩非子·显学》之"非愚则诬"等，皆如《说文》所言"愚"、"赣"互训。刘笑敢《老子古今》据此以为老子这里所说的"愚"是"愚钝、迟缓之义，没有愚弄之意"，大致不谬。不过，如果我们完全否认老子本章所言"愚之"的动词性质，即使"民"而"愚"，又显然是偏颇的。而老子的"愚民"，则与其说"愚"与自称"愚人"是紧密相关的。

与老子说"愚"相近的，是《论语·公冶长》中所载的孔子一则说"愚"言论，其文云："宁武子邦有道则知，邦无道则愚，其知可及也，其愚不可及也。"《日讲四书解义》卷五云："此一章书，是孔子赞宁武子之大知若愚也。"又，元人陈高《如愚斋记》解述此章说："老子有言大智若愚……我夫子以为不可及，若二子之所谓愚，其果愚也哉！"老子说"愚"，正处"衰周"之世，以惩其弊，矫末世之权谋奸诈，浇漓世风，故赞扬"愚"的品性与品德。在这里，老子的"愚"已由"愚赣"引申于淳朴、敦厚,是一种接近于自然态即"道"的理想。他自称"愚人",是独异于世人奔竞逐利的"沌沌兮"的愚朴浑浑,他要"愚民",是欲于"上下交征利"的欺蒙巧夺的乱世中导民于敦朴之境。清人高延第《老子证义》说:"愚之,谓返朴还淳,革去浇漓之习。与秦人燔诗书,愚黔首不同。"此说有烛见之明,可解世人对老子之"愚民"的误解。

2."反"与"复":意义何在?

在《老子》书中,常出现"反"与"复"字,比较而言,"反"字意思简单,"复"字内涵更为丰富。老子言"反",多半是作为对立面的意义而出现的,如"反者道之动"(第四十章)、"正言若反"(第七十八章)和本章的"与物反矣"皆是。另如"远曰反",奚侗《老子集解》谓:"既远矣,于是复反其根。""复反",同"复归"义。《老子》中的"复归",如"复归于无物"(第十四章)、"复归其根"(第十六章)、"复归于婴儿"(第二十八章)、"复归其明"(第五十二章),皆与"反"近义。但是,如前章"复众人之所过"以及"万物并作,吾以观其复""归根曰静,是谓复命""复命曰常"(第十六章)之"复",则显然与归反之义不侔,而具有"道"之本根意义的特殊概念。所谓"复命"与"观其复",不仅在于回复本性,更在于"归根""周行"的"常道",具有"不殆"的永恒的意义。

六十六章

江海所以能为百谷王者[1],以其善下之[2],故能为百谷王。是以欲上民[3],必以言下之[4];欲先民[5],必以身后之[6]。是以圣人处上而民不重[7],处前而民不害[8],是以天下乐推而不厌[9]。以其不争,故天下莫能与之争。

注释

〔1〕百谷:百川河流。王:主宰者。按:蒋锡昌《老子校诂》认为:"《说文》:'王,天下所归往也。'是'王'即归往之义。"此说甚是。

〔2〕善:能够。下:谦下。

〔3〕上民:统治民众。

〔4〕言下:出言谦逊。

〔5〕先民:引导民众。

〔6〕身后:置自身利益于民众之后。

〔7〕重:犹"累"。

〔8〕害:妨害,受害。奚侗《老子集解》说:"处上而不压抑,则民不以为重;处前而不壅遏,则民不以为害。"

〔9〕推:拥戴。厌:厌弃。

六十七章

天下皆谓我道大,似不肖。夫唯大,故似不肖。若肖,久矣其细也夫[1]!我有三宝,持而保之[2]。一曰慈[3],二曰俭[4],三曰不敢为天下先[5]。慈,故能勇[6];俭,故能广[7];不敢为天下先,故能成器长[8]。今舍慈且勇,舍俭且广,舍后且先,死矣[9]!夫慈,以战则胜,以守则固。天将救之[10],以慈卫之[11]。

注释

〔1〕"天下"六句:或以此六句为错简。陈鼓应《老子注译及评介》认为:"本章谈'慈',这一段和下文的意义毫不相应,显然是他章错简。严灵峰认为可移到三十四章'故能成其大'句下。严说可供参考。"不肖,不像,不似。久矣其细,即其细久矣。

〔2〕保之:一作"宝之"。宝,保。上句"宝"字作名词,此句"宝"字作动词。

〔3〕慈:义同"爱",慈心,爱心,指呵护。

〔4〕俭:节约,啬俭。

〔5〕"三曰"句:此句意同第六十六章"欲先民,必以身后之"。

〔6〕勇:指勇于谦退。

〔7〕广:宽广,扩大。

〔8〕器:神器,指天下。长:首长,指人君。按:此句帛书甲本作"故能为成事长"。

〔9〕且:而。死矣:傅奕本作"是谓入于死门"。指死路一条。

〔10〕天:指天道。

〔11〕卫:保卫。此句意近第七十九章"天道无亲,常与善人"。

问题分析

"三宝"的诠释与涵义是什么?

本章老子提出"三宝",即"慈""俭"与"不敢为天下先",为全文主旨。阐明其为"玄德"之用的道理。对此,《韩非子·解老》释云:"慈母之于弱子也,务致其福;务致其福,则事除其祸;事除其祸,则思虑熟;思虑熟,则得事理;得事理,则必成功;必成功,则其行之也不疑。不疑之谓勇。……智士俭用其财则家富,圣人爱宝,其神则精盛;人君重战其卒则民众,民众则国广。……不敢为天下先,则事无不事,功无不功。"此从人君治国诠释"三宝"。今人王淮《老子探义》有段这样的解释:"'慈'是德之体,其性质即'大仁不仁'之'仁';'俭'是成德达用之工夫,亦即所谓'治人事天莫如啬'之'啬';'不敢为天下先',是德性作用之表现方式,亦即柔弱不争之谓也。合而言之:老子之'三宝'实为其'德性'之全体大用。此其所以持以保之,并示以赠人者也。"(台北商务印书馆1972年版)这种视"三宝"为体用一贯、本末不离的看法,符合道家的诠释方法,所以刘笑敢《老子古今》引此以为解释得"相当漂亮"。如果仅按《韩非子》的解释,重在治国(兼及人生)之道,则"不敢为天下先"亦类同儒家所谓之"让",而如果勘进一步认识到"三宝"所体示的老子"德性"与"道体",其"慈""俭"不同于儒家的"慈""俭","不敢为天下先"更是其"柔弱胜刚强""无为而无不为"的体现,《韩非子》中所言"事无不事,功无不功",又是与此义通合。

释氏亦有"三宝",即"戒、定、慧",虽与老子"三宝"不同,然就修身修心而言,也有义理相通的地方。

六十八章

善为士者不武[1],善战者不怒[2],善胜敌者不与[3],善用人者为之下[4]。是谓不争之德,是谓用人之力[5],是谓配天,古之极[6]。

注释

〔1〕士:将帅。不武:不逞强好勇。武,勇武。

〔2〕不怒:不易被激怒。怒,愤怒。

〔3〕不与:不相交兵接斗。与,敌,对。

〔4〕下:谦居其下。

〔5〕用人之力:指任用人才的本领,包括敌对的力量。奚侗《老子集解》说:"不武,不怒,不与,是不争之德也。为之下,是用人之力也。"帛书本无"之力"二字。

〔6〕"是谓"二句:一说"是谓配天古之极"为一句,其中"古"字为下章第一字窜入。此说可参考。配天,符合天道。天之极,自然的最高准则。

六十九章

用兵有言[1]:"吾不敢为主而为客,不敢进寸而退尺[2]。"是谓行无行[3],攘无臂[4],扔无敌[5],执无兵[6]。祸莫大于轻敌,轻敌几丧吾宝[7]。故抗兵相加[8],哀者胜矣[9]。

注释

〔1〕"用兵"句:一说上章末句"古"字当移于此章句首,为"古用兵有言"(俞樾等持此说)。帛书本"言"后有一"曰"字。

〔2〕"吾不敢"二句:老子所引用兵者言。主,伐人者。客,应战者。进,进攻,指进攻别国的领土。退,退守,指退守本国的领土。按:此二句内涵欲进先退之义。

〔3〕王弼注:"行,谓行阵也。"行(háng)无行:排阵若无阵列。行:阵列。

〔4〕攘无臂:出击又若无臂可伸。攘臂,见第三十八章注〔8〕。

〔5〕扔无敌:抗敌又若无敌可就。扔,对抗。

〔6〕执无兵:执持兵器又若无执可恃。兵,兵器。马其昶解说"是谓"四句:"申言所以退尺之意。自视若无行列可整,无臂可攘,无敌可就,无兵可执,故不敢轻敌,慎之至也。"

〔7〕宝:解释甚多,有指军队、主权、人民等,有指"三宝"(慈、俭、不敢为天

下先),有指道(柔弱胜刚强)。河上公注:"宝,身也。"《吕氏春秋·先己篇》"啬其大宝",高诱注:"大宝,身也。"丧吾宝,即失我身。从此说。

〔8〕抗兵:举兵。抗,举。加:"如"字的误写。帛书本作"若",义同"如"。相若(如),相当。

〔9〕哀者:悲愤的一方,或谓正义的一方。哀,悲愤。按:俞樾云:"'哀'字无义,疑'襄'字之误。……古襄、让通用。……故曰'抗兵相加,让者胜矣。'"可备一说。

七 十 章

吾言甚易知,甚易行。天下莫能知,莫能行[1]。言有宗[2],事有君[3]。夫唯无知[4],是以不我知[5]。知我者希[6],则我者贵[7]。是以圣人被褐怀玉[8]。

注释

〔1〕"天下"二句:天下,多本作"而人"。两"莫"字后多本有"之"字。王弼注:"可不出户窥牖而知,故曰甚易知也。无为而成,故曰甚易行也。惑于躁欲,故曰莫之能知也。迷于荣利,故曰莫之能行也。"王说甚是。

〔2〕宗:宗旨,纲领。

〔3〕有君:有所本的意思。君,主,根本。按:上句之"宗"与此句之"君"皆喻道。

〔4〕无知:指不知"言有宗,事有君"的道理。

〔5〕不我知:即不知我。

〔6〕希:同"稀",少。

〔7〕则:效法。贵:难得。

〔8〕被:披,指穿戴。褐(hè):粗布、粗麻制成的衣服,为贫穷者所穿。怀玉:怀才的意思。玉,宝物。此同圣人"为腹不为目"的道理。

问题分析

"被褐怀玉",等同"独善其身"、等同隐遁行为吗?

对"披褐怀玉"的说解,前贤多异。如《孔子家语·三恕》记载:"子路问于孔子曰:'有人于此,被褐而怀玉,何如?'子曰:'国无道,隐之可也;国有道,则衮冕而执玉。'"这显然是符合儒家"穷则独善其身,达则兼济天下"的思想,是以"儒"解"老"的方法。又如晋人庾峻《上疏请易风俗兴礼让》:"山林之士,被褐怀玉。太上栖于丘园,高节出于众庶。"又,戴逵《放达为非道论》:"固当先辨其趣舍之极,求其用心之本,识其枉尺直寻之旨,采其被褐怀玉之由,若斯涂虽殊,而其归可观。"则以隐士风貌释解"被褐怀玉",有一定的以"玄"解"老"的意味。而就老子文本而言,解说亦异。如王弼注:"被褐者同其尘,怀玉者宝其真也。圣人之所以难知,以其同尘而不殊,怀玉而不渝,故难知而为贵也。"近人或多反对这种解释,比如蒋锡昌《老子校诂》说:"本章言俗君既不知圣人,故圣人亦不求人知。此老子自叹其道之不行也。"此以"自叹其道之不行"释此,则不出以"隐"解"被褐怀玉",反不及王注以"同尘""宝真"解之,因为对应本章所说的"知我者希",老子的"被褐怀玉"显然是其"愚人之心""归真返朴"乃至"和光同尘"的另一种形象的表述。

文化史扩展

1."知"与"行"

知行关系是中国哲学家特别重视的问题之一。其说首先见于《尚书·说命》,即"(傅)说拜稽首曰:非知之艰,行之惟艰"。伪孔传解释说:"言知之易,行之难。"这也形成了"知易行难"的成语。在后世的知行观中,不仅出现"难易"的争论,即"知易行难"与"知难行易",而且产生出"先后"之辨,亦即"先知后行""先行后知"以及"知行合一"的说法。比如宋代理学家程颐、朱熹强调"以知为本""知先行后",所谓"知行常相须,如目无足不行,足无目不见。论先后,知为先;论轻重,行为重"(《朱子语类》卷九)。明代的王守仁则提出"知行合一"的观点,认为"知是行的主意,行是知的工夫;知是行之始,行是知之成"(《传习录》上),也就是"知之真切笃实处便是行,行之明觉精察处便是知"(《王文成公全书》卷六)。到明末清初思想家王夫之,他反对朱熹、王守仁的说法,认为"知行合一"是不了解"知"与"行"各自的功效,而"知先行后"是树立了一个先验的秩序,所以他提出了"行先知后"说。中国近代学者对这一问题的讨论,也基本在此范围之内。

2."宗"与"君"

"宗"与"君"在本始的意义上,都是源于新石器时代以后父系氏族社会,是旧宗法制的产物。先看"宗"的义项,如"祖庙",《尚书·大禹谟》:"受命于神宗。"神宗,即文祖的神庙。又如"祖先",《左传·成公三年》:"若不获命,而使嗣宗职。"宗职,即继承祖先之位置。再如"宗族",《尚书·五子之歌》:"荒坠厥绪,覆宗绝祀。"孔颖达疏:"太康荒废,坠失其业,覆灭宗族,断绝祭祀。"合此几种义项,皆具有尊崇之地位,所以《白虎通·宗族》解释是:"宗,尊也。为先祖主者,宗人之所尊也。"《说文解字》解为:"宗,尊祖庙也。"由于"宗"的传统性与崇高性,所以《礼记·大传》从宗庙祭祀解释宗法制度:"别子为祖,继别为宗,继祢者为小宗。有百世不迁之宗,有五世而迁之宗。……尊祖故敬宗,敬宗,尊祖之义也。"其实,从宗法制度而言,是因敬宗而尊祖,尊祖是为了突出"宗子"(旧为嫡长子)的权力。"宗"是于族中奉一人为主,而国君则是最大的宗子,《诗·大雅·公刘》"君之宗之",毛传释云"为之君,为之大宗也",正合此义。作为统治与主宰即"合天下而君之"(《荀子·王霸》)的"君",古字正是父、尹(官的统称)的变形,其象形手执权杖之人。所以"宗"与"君"都是旧宗法权力的象征,宗旨、主宰,当是其引申之义。

七十一章

知不知[1],上[2];不知知[3],病[4]。夫唯病病,是以不病。圣人不病,以其病病,是以不病[5]。

注释

〔1〕知不知:知道自己有所不知(或谓"无知")。

〔2〕上:"尚"的借字。

〔3〕不知知:不知道而自以为知道。

〔4〕病:毛病,缺点。按:"知不知"四句或作"知不知,尚矣;不知知,病矣"。帛书甲本作"不知不知",后一"不"字衍。《论语·为政》引孔子说:"知之为知之,不知为不知,是知也。"此与"知不知""不知知"意思相近。

〔5〕"夫唯"五句:蒋锡昌《老子校诂》说:"《御览·疾病部》引作'圣人不病,以其病病;夫唯病病,是以不病';较诸本为长。"病病,前一"病"字作动词用,忧患义;后一"病"字作名词用,疾病义,意思是把病看作病。

问题分析

释"病"与"病病",试述其重要性与辩证性。

本章"夫唯病病,是以不病","以其病病,是以不病",各本多异。

王弼、河上公本基本相同,然景龙碑本,多种敦煌本,帛书甲、乙本,均无"夫唯病病,是以不病",所以一般认为此与"以其不病,是以病病"明显重复,视作衍文。如俞樾《诸子平议》说:"上文已言'夫唯病病,是以不病',此又言'以其病病,是以不病',则文复矣。"朱谦之《老子校释》也认为:"诸本文赘……绝非《老子》古本之旧。"今参以帛书,更坚定了这种怀疑。而对"病病"的解释,说法也多不同。有的仅释"病"字,如朱谦之说:"《广雅·释诂三》:'病,难也。'《论语》'尧、舜其犹病诸',孔注:'犹,难也。''圣人不病,以其病病,是以不病',与第六十三章'是以圣人犹难之,故终无难'义同。第六十三章以事言,此则以知言。《庄子·让王》'学而不能行谓之病',亦以知言,即此章'病'之本义。"有的解释"病病",高明《帛书老子校注》:"'病病'乃动宾结构之短语,引申为'惧怕困忧'。经文所言:圣人其所以没有困忧,因他害怕困忧,故而才避免了困忧。"而冯达甫《老子译注》以为"病病"为动词词组,即"前病字是动词,忧患之意"。冯说虽简明,但释前病为"忧患",又复与高明"惧怕困忧"相近。所以我同意有的注本将前"病"视为意动,即"以之为",即以病为病,更直接明白。

这里要补充的是,前面说"是唯病病"为赘文且是否影响释义,我认为依王本亦可解通。比如蒋锡昌《老子校诂》就主张另一本子,他说:"《御览·疾病部》引作'圣人不病,以其病病;夫唯病病,是以不病';较诸本为长,当据改正。"此亦并列两"病病"。其实,老子是尝以否定词与重叠词见长。所谓"夫唯病病,是以不病",意指圣人之所以不病,在于以病为病;而"以其病病,是以不病",以圣人知病而若无知,诚如苏辙《老子解》所说的"道非思虑所及",则才是真正的不病。这里连用八"病"字,复叠两次"病病",正在于强化"病"与"不病"的重要性与辩证意义。

七十二章

民不畏威,则大威至[1]。无狎其所居[2],无厌其所生[3]。夫唯不厌,是以不厌[4]。是以圣人自知不自见[5],自爱不自贵。故去彼取此[6]。

注释

〔1〕"民不"二句:前一"威"字可作威压解,后一"威"字作祸乱解。威,可畏之事,威胁。多本"至"下有"矣"字。

〔2〕狎(xiá):亦作"狭",窒隘,可解作窘逼,压迫。居:安居。

〔3〕厌:同"压",压迫,引申为阻塞。生:谋生。

〔4〕"夫唯"二句:此二句据高亨解说:"上厌字,即上文'无厌其所生'之厌。下厌字,乃六十六章'天下乐推而不厌'之厌。言夫唯君不压迫其民,是以民不厌恶其君也。"前"厌"字作压迫解,后"厌"字作厌恶解,高说是。

〔5〕自知:指自知之明。自见(xiàn):自以为高明。见,同"现"。

〔6〕去彼:指自见,自贵。取此:指自知,自爱。

七十三章

勇于敢则杀,勇于不敢则活[1]。此两者或利或害[2]。天之所恶[3],孰知其故?是以圣人犹难之[4]。天之道,不争而善胜,不言而善应,不召而自来,繟然而善谋[5]。天网恢恢[6],疏而不失[7]。

注释

〔1〕"勇于"二句:意思类似老子所说的"强梁者不得其死"(第四十二章)、"柔弱者生之徒"(第七十六章)。敢,逞强。

〔2〕此两者:范应元《老子道德经古本集注》解:"此敢与不敢两者,世或以敢为利,而因以杀身,则是害也;世或以不敢为害,而因以活身,则是利也。"其说甚是。

〔3〕天:犹下文之"天道"。恶:厌恶,讨厌。

〔4〕"是以"句:帛书甲、乙本无均无,且同句见于第六十三章,疑为注文窜入。

〔5〕繟(chǎn):《说文》:"带缓也。"引申为缓慢,宽缓。谋:规划。

〔6〕恢恢:广大的意思。恢,大。

〔7〕疏:稀疏,不密。失:一作"漏"。

问题分析

"勇于敢"与"勇于不敢",区别在哪里?意义在哪里?

本章所言"勇于敢"与"勇于不敢",貌似论"兵",实质上是老子在探讨"天之道,不争而善胜,不言而善应,不召而自来,繟然而善谋"之义,再次说明"圣人"应任运天道之自然而为,成慈爱之政,莫以造作以残民、害民、威民。老子说的"敢",当取逞强之义。《广韵》:"敢,犯也。"此解如注,"勇于敢则杀",类似老子的"强梁者不得其死";"勇于不敢则活",类似"柔弱者生之徒"。而"勇"在老子眼中也有大小之辨,"勇于敢"则为"小勇","勇于不敢"乃为"大勇",亦如"大音""大象""大器"的说法,老子显然是赞美无为之大勇的。换言之,"勇于敢",则为强梁;"勇于不敢",则为慈勇,故一"杀"而致大害,一"活"而致大利。老子所谓"坚强者死之徒,柔弱者生之徒"(第七十六章),即教人以守柔戒强之道,而且谆嘱世人应知此两者的利害:杀人者必遭人杀,活人者亦所以自活。李贽《老子解》谓:"胜以不争,应以不言,来以不召,谋以不计,正天之疏而不失也。若争而后胜,虽不疏必有失矣。"此明老子天道观中好生而恶杀的见解,颇得其"勇于不敢"的思想主旨。

七十四章

民不畏死,奈何以死惧之[1]?若使民常畏死,而为奇者[2],吾得执而杀之。孰敢[3]?常有司杀者杀[4],夫代司杀者杀[5],是谓代大匠斫[6]。夫代大匠斫者,希有不伤其手矣[7]。

注释

〔1〕惧:惧怕,恐吓。苏辙《老子解》:"政烦刑重,民无所措手足,则常不畏死。虽以死惧之,无益也。"

〔2〕为奇者:行为诡异乱群的人。奇,诡异。

〔3〕孰敢:指对前句的做法谁敢不服。孰,谁。

〔4〕常:经常,照例。司杀者:主管刑杀之人。一谓天主生杀,指天道。按:后一"杀"字多本无,下句同。

〔5〕代司杀:与天主生杀对应,指人为,即刑罚。蒋锡昌说:"人君不能清静,专赖刑罚,是代天杀。"

〔6〕大匠:高明的木工。斫(zhuó):砍。

〔7〕希:少。

文化史扩展

有司与刑官

古代"有司"泛指官吏,因设官分职,事各有专司,所以称"有司"。《尚书·大禹谟》:"好生之德,洽于民心,兹用不犯于有司。"《孟子·梁惠王下》:"凶年饥岁……有司莫以告,是上慢而残下也。"均为有司本义。而古代官制象天地而合四时,按时分职、布政、行事,所以司杀的刑官均在具肃杀之气的秋季行使政事,又称为"秋官"。据《周礼》分职,有"天官冢宰""地官司徒""春官宗伯""夏官司马""秋官司寇""冬官司空"。秋官司寇为"刑官之职",所谓"象秋所立之官",《周礼》贾疏的解释是:"秋者,遒也,如秋义杀害收聚敛藏于万物也。天子立司寇,使掌邦刑,刑者所以驱耻恶,纳人于善道也。"春秋时周王室及诸侯王国尚存其职,战国间惟楚国设司寇,秦置廷尉,为九卿之一,废司寇之名。唐代实行三省六部制,尚书省六部,分别是吏部、户部、礼部、兵部、刑部、工部,"刑部"仍对应古之"秋官"。

七十五章

民之饥,以其上食税之多[1],是以饥。民之难治,以其上之有为[2],是以难治。民之轻死[3],以其上求生之厚[4],是以轻死。夫唯无以生为者[5],是贤于贵生[6]。

注释

〔1〕上:统治者,君主。食税:帛书本作"取食税",指统治者收税自养。按:帛书本"其"后无"上"字,则"其"指百姓,"食税"解作纳税,亦通。

〔2〕有为:指人君过用智术,政苛刑烦等。

〔3〕轻:轻贱,不重视。

〔4〕求生之厚:此指统治者奉养奢厚。求生,多本作"生生"。按:易顺鼎《读老札记》说:"按'求生之厚'当作'生生之厚'。《文选·魏都赋》:'生生之所常厚。'张载注引《老子》曰:'人之轻死,以其生生之厚也。'谓通生生之情以自厚也。足证古本原作'生生'。《淮南子·精神训》、《文选·鹪鹩赋》注、《容斋随笔》并引作'生生之厚',皆其证。五十章云:'夫何故?以其生生之厚',又证之见于本书者矣。"易说考论详密,甚是。

〔5〕无以生为者:即不重生的人。

〔6〕贤:胜过。贵生:重生。高亨《老子正诂》云:"君贵生则厚养,厚养则苛

敛,苛敛则民苦,民苦则轻死。故君不贵生,贤于贵生也。"

问题分析

君主无为:衰世的拯救。

老子论无为政治,见诸多章,如"为无为,则无不治"(第三章)、"无之以为用"(第十一章)、"圣人无为,故无败"(第六十四章)及本章的"无以生为者",无不内涵君主无为的政治含义。而相比之下,本章所论,更为集中地体现了老子无为政治的理想。试分析如下:

"民之饥"三句为一层次,指出"民饥"的根本原因。所谓"民以食为天",老子倡导"为腹不为目",其中同样内涵了对人民温饱这一基本要求的珍重。而事实如何呢?当周之衰,诸侯僭侈,多置官吏,大兴宫室,宗庙社稷之供,饔飧牢饩之奉,车乘兵革之备,百官有司之禄,皆剥自小民;而豪猾贪婪之胥吏,又侵渔于其间,民焉得不饥?《左传·昭公四年》载:"民参其力,二入于公,而衣食其一;公聚朽蠹,而三老冻馁。"可见民已不堪其命的残酷现实。人民终日勤苦而不得食,就在于"上食税之多"。

"民之难治"三句又一层次,指出民之难治的根本原因。所谓"天下多忌讳,而民弥贫""法令滋彰,盗贼多有"(第五十七章),其结果必然是"为者败之,执者失之"(第二十九章)。如此,民不能安身,必起乱心;民不能安食,必多盗贼;民不能安居,必生游堕之行。所以民之难治,关键在于"上之有为"。

"民之轻死"三句再一层次,指出民之轻死的根本原因。上欲自厚其生,民亦效之各欲自厚其生,而国家资源有限,厚生又不可得,于是居上者既诱之,又夺之,安得而不轻死以铤而走险?对此,河上公本注谓:"人民所以轻犯死者,以其求生之事太厚,贪利以自危。以其求生太厚之故,轻入死地也。"此将"民之轻死"的责任归于民,殊失老子本义,因为民轻死之由,在"上求生之厚",不可上下颠倒,本末倒置。

末二句总括全章,点明君主无为的主旨。"无以生",即清静自正;"贵生",即求生之厚。二者相较,当以清静自正为上。如此以因果结构成章法,先提出"民之饥"之果,继而推出"上食税之多"的原因,又以"是以饥"之果锁住,如此类推,又形成老子君主无为思想的逻辑体系。

钱大昕《老子新解序》云:"周之敝在文胜,文胜者当以质救之。不尚贤,不贵难得之货,不见可欲,清净自正,复归于朴,所以救衰周之敝也。"诚哉斯言!"救衰周之敝",即对衰世的拯救,这是老子君主无为政治思想的主旨,也是其学术思想的背景与基础。

文化史扩展

贵生

有关老子本章对"贵生"的态度,元人吴澄《道德真经注》的解说是:"贵生,贵重其生,即生之厚。求生之心重,保养太过,将欲不死,而适以易死。至人非不爱生,顺应自然,无所容心,若无以生者然。外其身而身存,贤于重用其心,以贵生而反易死也。"此解老子并不反对"贵生",而仅是反对"保养太过"以违自然之理,是比较中肯的。贵生是中国文化传统内涵之一,即"生生之德""厚生之德",这应该是包括老子在内的思想家所共有的。而古代文化的贵生,又有两层含义,一是珍惜生命,就充分体现于对时间的珍重与对生命的呵护。二是怜惜民生之艰难,如《尚书·大禹谟》所说的"正德,利用,厚生,惟和",孔颖达疏:"厚生谓薄征徭,轻赋税,不夺农时,令民生计温厚,衣食丰足。"而从老子对"民生"的关注,也可以证明其并不反对"贵生"的厚生之德。

七十六章

人之生也柔弱[1],其死也坚强[2]。万物草木之生也柔脆,其死也枯槁[3]。故坚强者死之徒[4],柔弱者生之徒。是以兵强则不胜,木强则兵[5]。强大处下[6],柔弱处上[7]。

注释

〔1〕生:出生之状态。柔弱:柔软。

〔2〕死:死亡之状态。坚强:僵硬。

〔3〕枯槁:草木死后的干枯状态。按:"人之生"四句以人的生死与草木之生衰谈"柔弱"胜"坚强"的道理,"万物"二字或疑衍文。

〔4〕徒:类。一说"徒"与"途"古通,谓道路。

〔5〕"是以"二句:兵强则不胜,木强则兵,《列子·黄帝》《淮南子·原道训》均引作"兵强则灭,木强则折"。《文子·道原》引作"兵强即灭,木强即折",俞樾《老子平议》:"案:'木强则兵'于义难通。河上公本作'木强则共',更无义矣。《老子》原文本作'木强则折',因'折'字阙坏,止存右旁之'斤',又涉上句'兵强则不胜'而误为'兵'耳。'共'字则又'兵'字之误也。"俞说虽为推论,但可参考。

〔6〕强大:多本作"坚强",宜是。处下:谓由盛而衰。

〔7〕处上:谓由弱而强。

七十七章

天之道,其犹张弓与!高者抑之,下者举之,有余者损之,不足者补之[1]。天之道,损有余而补不足;人之道则不然,损不足以奉有余[2]。孰能有余以奉天下?唯有道者。是以圣人为而不恃,功成而不处,其不欲见贤[3]。

注释

〔1〕"天之"四句:此处以张弓之道喻天道的盈虚消长。严遵《老子指归》说:"夫弓人之为弓也,既杀既生,既禽既张,制以规矩,督以准绳。弦高急者,宽而缓之;弦弛下者,摄而上之;其有余者,削而损之;其不足者,补而益之。弦质相任……调和为常。故弓可抨而矢可行。"张弓,上弓弦。张,《说文》:"张,施弓弦也。"与,同"欤",语气词。抑,压低。举,扬举。补,帛书甲本作"益"。

〔2〕奉:供给,给予。

〔3〕"是以"三句:奚侗《老子集解》认为"与上文谊不相符,上二句已见二章,又复出于此",当删。甚是。为,"为无为"之"为"。恃,依仗。处,帛书乙本作"居","居""处"义同。不处,指不居功。见,同"现",指表现。贤,同第三章"不尚贤"之"贤",意指"多财"。见贤,即露财。

问题分析

什么是"天之道"与"人之道"？其间关系如何？

老子论"道"说"玄"，既有形而上的超越性，又有着丰富的社会与人生的内涵，前者被玄学家、中国化的佛教徒以及宋明理学家接受，参与了"玄境""佛性"与"天理"的构建，而后者才是我们回到老子文本首先应该考虑的问题。本章是以天道与人道相比照而归结于圣人法天之道。就文本分析来看，"天之道"一句，束上启下，特别强调"有余"与"不足"的社会问题，是深痛于历代剥民之凶人，总是侈天下之有以自奉，使己常有余，民常不足，所以才引发出"人之道"的慨叹。"损不足"，则不足者愈不足；"奉有余"，则有余者愈有余。民无以乐生，国何以图治？而接下来说的"孰能有余以奉天下？唯有道者"，此痛斥无道者之残民虐民，而思有道者拯民济民。收束"是以圣人"三句，言圣人为无为，成而不恃，功而不居，也就是损己之有余，以谦德自处，法天道以行人道。

然而，什么是"天之道"，什么是"人之道"，在《老子》书中似乎也存在多义现象。《老子》中"道"出现频率极高，约有七十处，如论"天道"，所谓"不窥牖，见天道"（第四十七章）、"天道无亲，常与善人"（第七十九章），其说较近自然界的规律；而所谓"功遂身退天之道"（第九章）、"天之道利而不害"（第八十一章），又兼含人事或人为的意义。"人道"意思也不尽同，如"以道佐人主"（第三十章）、"人之道，为而弗争"（帛书乙本第八十一章），人道是接近天道意思的，属褒扬层面，类似"以道佐人主"的圣人之道；而本章所言"人之道"则显然不同，是与天道对立的人为之道，属贬抑层面，类似"人欲"。仅就概念而言，老子所述确实有些矛盾，如果综观老子的思想，实质正能说明"言不尽意"的道理，显示出其中的多元与辩证。如何理解老子的"人之道"（人道）与"天之道"（天道），我觉得应该遵循两个原则：一是

"体用不二",老子言"道体"都含"道用",天道中的人为因素,人道中的天理精神,渗融含茹,难以剥离。二是"以人体天",老子的天道自然,其根本在人文社会,是以人道之"实"体天道之"虚",反以天道之虚加以实化,以涵盖人道,所以天、人之交互,也是自然的。因为在老子的眼中,衰周的现实"人道"充满了人欲,与自然"天道"背反,而出于惩现实人道的理想化人道,则又必然是他心目中自然的人化,这才符合他的"无为"而"无不为"之精神。

七十八章

天下莫柔弱于水[1],而攻坚强者莫之能胜[2],其无以易之[3]。弱之胜强,柔之胜刚,天下莫不知,莫能行。是以圣人云:受国之垢[4],是谓社稷主[5];受国不祥[6],是为天下王。正言若反[7]。

注释

〔1〕莫柔弱:或作"莫不柔弱""柔弱莫过"。

〔2〕莫之能胜:犹莫能胜之(水)。之,指水。

〔3〕其:指水。易:代替。无以易之:王弼注:"以,用也。其,谓水也。言用水之柔弱,无物可以易之也。"

〔4〕受:承受。垢(gòu):同"诟",屈辱。

〔5〕社稷:代指国家。社,土神。稷,谷神。主:君主。

〔6〕不祥:灾害,祸殃。

〔7〕正言若反:正面的话像反说。据高亨《老子注译》,认为此句是后人注语,非老子原文。高延第《老子证义》认为:"此语并发明上下篇玄言之旨。"

问题分析

"柔弱"胜"刚强"是老子的一贯主张与行为准则吗？

读本章文字，当与第八章参照，皆以"水"为意象，赞美"弱之胜强，柔之胜刚"的功用与法则。如第八章云："上善若水。水善利万物而不争，处众人之所恶，故几于道。""上善若水"，说解已见前，而这里进一步以"水"为喻，既言守柔之方法，又明柔弱卑下之谦德的重要。"水"的品格，在处下而不争，但同时，"水"性至柔，而无坚不摧，所谓"高岸为谷，深谷为陵"（《诗·小雅·十月之交》），皆水力所致，虽大山乔岳，不仅莫之能先，且莫之能御。民谚"水滴石穿"，亦可见水力之作用。当然，老子重水重柔，关键在于以柔克刚、以静制动与以弱胜强。所以他反复强调"静胜热"（第四十五章）、"牝常以静胜牡"（第六十一章）、"知其雄，守其雌"（第二十八章）、"柔弱胜刚强"（三十六章），充分提示了柔弱与刚强的对待关系及制胜法则。

这种关系和法则用于人事，便具有了"弱胜强，柔胜刚"的普遍意义。如《淮南子·道应训》有三则记载，一则是："越王勾践与吴战而不胜，国破身亡，困于会稽；忿心张胆，气如涌泉；选练甲卒，赴火若灭，然而请身为臣，妻为妾，亲执戈为吴兵先马走……故霸中国。"此以勾践谦卑复国故事，说明柔弱胜刚强的道理。另两则是："晋伐楚，三舍不止。大夫请击之。庄王曰：'先君之时，晋不伐楚。及孤之身而晋伐楚，是孤之过也。若何其辱！'群大夫曰：'先臣之时，晋不伐楚，今臣之身而晋伐楚，此臣之罪也。请三击之。'王俯而泣涕沾襟，起而拜群大夫。晋人闻之，曰：'君臣争以过为在己，且轻下其臣，不可伐也。'夜还师而归。老子曰：'能受国之垢，是谓社稷主。'宋景公之时，荧惑在心。公惧，召子韦而问焉，曰：'荧惑在心，何也？'子韦曰：'荧惑，天罚也；心，宋分野。祸且当君，虽然，可移于宰相。'公曰：'宰相所使治国家也，而移死焉，不祥。'子韦曰：'可移于民。'公曰：'民死，寡人谁为君乎?宁独死耳。'子韦曰:'可移于岁。'公曰:'岁,民之命;岁饥,民必死矣。为人君而欲杀其民以自活也,其谁以我为君者乎?是寡人之命固已尽矣!子韦无复言矣。'子韦还走,北面再拜,曰:'敢贺君!天之处高而听卑,君有君人之言三,天必三赏君。今夕,星必徙三舍,君延年二十一岁。'……是夕也,星果三徙舍。故老子曰:'能受国之不祥,是谓天下正。'"此以楚庄王君臣的揽过自谦与宋景公的承祸自谦的德行,说明柔弱胜刚强,并能够转祸为福的道理。

由于老子使用的"水""柔""静""雌"等词汇,具有天地之"母"性的本根意识,如其对"谷神""江海""玄牝"及至"众妙之门"的礼赞,所以有学者又从中得到其女权优于男权的社会意义。比如吕思勉《辩梁任公〈阴阳五行说之来历〉》(《东方杂志》第20卷第20号)一文中,就说《老子》"全书之义,女权皆优于男权,与后世贵男贱女者迥别"。据此,又或推论老子思想中的阴柔特征,是古老的母系社会文化的遗存。可聊备一说。

文化史扩展

阴阳

中国古代的阴阳观念,是在观察天象、气候的基础上萌发的。《汉书·艺文志》记载:"阴阳家者流,盖出于羲和之官,敬顺昊天,历象日月星辰,敬授民时,此其所长也。"在先秦典籍中,论述阴阳者以《易》《老》最著称。《易》作者在复杂的自然、人类现象中抽象出阴爻、阳爻两个基本范畴,所谓"阴阳不测之谓神"(《系辞上》),以解释万物化生的道理。由于天地、日月、昼夜、男女以至腑脏、气血皆分属阴阳,也就产生了"阳刚"与"阴柔"的质性,《老子》对阴阳的阐发,以及其"柔弱胜刚强"的理论,是基于《易》学的新解释与新理论。阴阳理论是兼及自然与人生的学术,古人治理政事,重调协阴阳,如《尚书·周官》:"兹惟三公,论道经邦,燮理阴阳。"而用于人生,比如治病,阴阳学说则成为中医学的根本,《黄帝内经》运用阴阳五行来说明人体的生理结构和发病原理,已达到了相当高的水平。而阴阳与五行的结合,又成为汉代经学政治的两大理论支柱,对帝国政治图式的构建起了重要的作用。同样,阴阳刚柔也成为中国古代文艺学的审美基础,其论述之多,不胜枚举,仅录清人姚鼐论文一则,以观其概。

姚鼐《复鲁絜非书》:"鼐闻天地之道,阴阳刚柔而已。文者,天地之精英,而阴阳刚柔之发也。惟圣人之言,统二气之会而弗偏,然而《易》《诗》《书》《论语》所载,亦间有可以刚柔分矣,值其时其人,告语之体,各有宜也。自诸子而降,其为文无弗有偏者。其得于阳与刚之美者,则其文如霆,如电,如长风之出谷,如崇山峻崖,如决大川,如奔骐骥。其光也如杲日,如火,如金镠铁。其于人也,如凭高视远,如君而朝万众,如鼓万勇士而战之。其得于阴与柔之美者,则其文如升初日,如清风,如云,如霞,如烟,如幽林曲涧,如沦,如漾,如珠玉之辉,如鸿鹄之鸣而入廖廓。其于人也,漻乎其如叹,邈乎其如有思,暖乎其如喜,愀乎其如悲。观其文,讽其音,则为文者之性情形状举以殊焉。且夫阴阳刚柔,其本二端,造物者糅而气有多寡进绌,则品次亿万,以至于不可穷,万物生焉。故曰:'一阴一阳之为道。'夫文之多变,亦若是已,糅而偏胜可也,偏胜之极,一有一绝无,与夫刚不足为刚、柔不足为柔者,皆不可以言文。"

七十九章

和大怨[1],必有余怨,安可以为善[2]?是以圣人执左契而不责于人[3]。有德司契[4],无德司彻[5]。天道无亲,常与善人[6]。

注释

〔1〕和:调和。怨:仇怨。

〔2〕安:怎么。为善:指修好。善,善行。

〔3〕执:持有。契:契约,合同。古代契券用竹木制成,两边刻上记财物名称、数量的相同文字,劈为两片,左片称左契,由借出钱物的一方收存,右片称右契,由借入钱物的一方收存,还物时两片相合以为凭据。责:求。此指讨还欠债。按:左契,帛书甲本作"右契"。

〔4〕有德:指有道德的人。司契:保管借据,即"执左契"。司,《广雅·释诂》:"司,主也。"

〔5〕司彻:指催取别人财物。彻,《广雅·释诂》:"彻,税也。"

〔6〕与:助,支持。善人:指有德司契的人。

八　十　章

小国寡民[1],使有什伯之器而不用[2],使民重死而不远徙[3]。虽有舟舆[4],无所乘之。虽有甲兵[5],无所陈之[6]。使人复结绳而用之[7]。甘其食[8],美其服[9],安其居,乐其俗[10]。邻国相望,鸡犬之声相闻[11],民至老死,不相往来。

注释

〔1〕小、寡:皆使动用法,形容使国小,使民少。民:一作"人"。

〔2〕什伯之器:诸本多异文,或作"什伯人之器""十百人之器""十百人器"。其解亦多歧说:一是"兵器"说。如俞樾说:"按'什伯之器',乃兵器也。《后汉书·宣秉传》注曰:'军法,五人为伍,二五为什,则共其器物,故通谓生生之具为什物。'然则什伯之器,犹言什物矣。其兼言伯者,古军法以百人为伯。《周书·武顺篇》:'五五二十五曰元卒,四卒成卫曰伯。'是其证也。什伯皆士卒部曲之名。"旧解多主此。二是"各种器物"说。如奚侗说:"《史记·五帝记》:'作什器于寿邱。'《索隐》曰:'什器',什数也。盖人家常用之器非一,故以十为数,犹今云什物也。'此云'什伯'累言之耳。"三是"十百倍于人力的先进工具"说。如胡适说:"什是十倍,伯是百倍。文明进步,用机械之力代人工,一车可载千斤,一船可载几千人。这多是什伯人之器。下文所说'虽有舟舆,无所乘之;虽有甲兵,

无所陈之',正释这一句。"(参见卢育三《老子释义》)按:三说均有依据,可参考。

〔3〕重(zhòng)死:指不冒险。重,看重。徙(xǐ):注本多作迁徙解,高明认为"远"字不作副词远近之远解,当作动词疏、离解。帛书本无"不"字,疑为后人所加。

〔4〕舟:船。舆:车。

〔5〕甲:铠甲。兵:兵器。

〔6〕陈(zhèn):即"阵",陈列,阵势。

〔7〕结绳:上古无文字,以结绳记事,即初以绳结记物数,后渐以表示物的性质。

〔8〕甘:厌足,满意。

〔9〕美:喜爱,嘉许。

〔10〕"安其"二句:此二句帛书本作"乐其俗,安其居",《庄子·胠箧》《文选·魏都赋》注引同此。俗,一作"业"。

〔11〕犬:多本作"狗"。声:或作"音"。闻:听。

问题分析

老子为何倡导"小国寡民"？

老子提倡的"小国寡民",与孔子的"大同世界"、佛家的"极乐世界"虽或不同,但追求一种向善的理想境界,应该有着一致的地方。何谓"小国寡民"？前人亦多论述,兹引三则,以证其义。苏辙《老子解》云:"老子生于衰周,文胜俗弊,将以无为救之,故于书之将终,言其所志,愿得小国寡民以试焉而不可得耳。……内足而外无所慕,故以其所有为美,以其所处为乐,而不复求也。"吴澄《道德真经注》云:"民淳事简,则书契亦可不用,不但不用什伯之器而已。以所产之衣食为甘且美,以所居之土俗为安且乐,则不肯远徙矣。"姚鼐《老子章义》云:"上古建国多而小,后世建国少而大……国大人众,虽欲返上古之治而不可得也。故老子欲小其国而寡其民。"合此三说,老子的小国寡民,是追求上古之淳朴与民生之安乐。近代进化论炽盛,故有以为老子此说的社会落后性与历史反动性,这是片面理解之过。《庄子·胠箧篇》记载:"昔者容成氏、大庭氏、伯皇氏、中央氏、栗陆氏、骊畜氏、轩辕氏、赫胥氏、尊卢氏、祝融氏、伏牺氏、神农氏,当是时也,民结绳而用之,甘其食,美其服,乐其俗,安其居,邻国相望,鸡狗之音相闻,民至老死而不相往来。若此之时,则至治已。今遂至使民延颈举踵曰'某所有贤者',赢粮而趣之,则内弃其亲,而外去其主之事,足迹接乎诸侯之境,车轨结乎千里之外,则是上好知之过也。上诚好知而无道,则天下大乱矣。"由此反观老子针对当时好"知"无"道",天下兼并,民生大乱的现实,怀想太古之淳风,提出"小国寡民"之构想,意在荡涤浊世,归真返朴,构建理想之乐园,是应予以充分理解的。

文化史扩展

隐　隐士

老子说的"小国寡民"并非隐逸之义,但后世的引申与解说,则与陶渊明《桃花源记》相契合,具有了隐逸的趣味。"隐",本义是"晦",与"显"相反,所以可解释为潜藏或藏匿。《易·坤·文言》:"天地变化草木蕃,天地闭,贤人隐。"而所谓的"隐士",指隐居不仕的人。《庄子·缮性》载:"古之所谓隐士者,非伏其身而弗见也,非闭其言而不出,非藏其知而不发也,时命大谬也。当时命而大行乎天下,则反一无迹;不当时命而大穷乎天下,则深根宁极而待。此存身之道也。"这与儒家的"穷则独善其身,达则兼济天下""有道则显,无道则隐"的思想有一致之处。这种隐士,含"士不遇"的意义,是早期隐士的特征。到东汉以后私有经济的发展与庄园经济的兴盛,才有自觉的隐逸之风,也才有隐逸的趣味。而隐士又分不同的种类,有"野隐"与"朝隐"之分,如褚少孙补《史记·滑稽列传》载东方朔"行殿中,郎谓之曰:

'人皆以先生狂。'朔曰:'如朔等,所谓避世于朝廷间者也。古之人乃避世于深山中。'"此东方朔为"朝隐"之例。后又分为"大隐""小隐"与"中隐"。"大隐"类"朝隐","小隐"类"野隐",晋人王康琚《反招隐诗》:"小隐隐陵薮,大隐住朝市。"所谓"中隐",指隐于闲官,白居易《中隐诗》云:"大隐居朝市,小隐入丘樊。……不如作中隐,隐在留司官。"

八十一章

信言不美[1],美言不信。善者不辩[2],辩者不善。知者不博[3],博者不知。圣人不积[4],既以为人己愈有[5],既以与人己愈多[6]。天之道利而不害,圣人之道为而不争。

注释

〔1〕信:真诚,真实。美:华丽,华美。河上公注:"信者,如其实也;不美者,朴且质也。"

〔2〕善者:德善忠厚之人。辩:善言巧辩。按:此两句多本在下两句之后。

〔3〕知(zhì)者:指大智慧的人。知,同"智"。博:博杂,此指知识博杂。

〔4〕不积:如"致虚极,守静笃"(第十六章)之义。积,积累,贮藏。《庄子·天下篇》述老子的意思说:"人皆取实,己独取虚,无藏也故有余。"

〔5〕既:尽。为人:同"与人",指富民。

〔6〕与:帛书乙本作"予","与""予"义同,给予。

问题分析

老子为什么说"信言不美"?其中与文质思想有无关系?

本章"信言不美"首六句,王弼注解非常精辟,注"信言不美"谓

"实在质也";注"美言不信"谓"本在朴也";注"知者不博"曰"极在一也"。如果我们将孔(儒)、老(道)比较,老子所言的信、美、善、辩等,就是对文与质之关系的思考。分别述之,孔子主张兼取文质,如《论语·颜渊》:"棘子成曰:'君子质而已矣,何以文为?'子贡曰:"惜乎!夫子之说君子也。驷不及舌。文犹质也,质犹文也,虎豹之鞟,犹犬羊之鞟。"所谓"文质彬彬",是儒门的一贯主张,究其实,则重文如质。而老子的"信言不美",内涵的是弃文重质思想。如《韩非子·解老》即由此推衍于文质,其云:"礼为情貌者也,文为质饰者也。夫君子取情而去貌,好质而恶饰。夫恃貌而论情者,其情恶也;须饰而论质者,其质衰也。何以论之?和氏之璧,不饰以五采;隋侯之珠,不饰以银黄,其质至美,物不足以饰之。夫物之待饰而后行者,其质不美也。"值得注意的是,儒家的尚文与尚礼是紧密结合在一起的。《论语·八佾》载孔子论夏、商、周三代之礼,有"周监于二代,郁郁乎文哉,吾从周"的喟叹,其尚文思想与追慕周公制礼是一致的。儒家倡礼,不忌繁文缛节,以取敬天受命、尊祖敬宗之意。直到汉武帝时"罢黜百家,独尊儒术",又大加提倡"体国经野,义尚光大"的辞赋,以致刘勰《文心雕龙·时序》谓"孝武崇儒,润色鸿业;礼乐争辉,辞藻竞骛",是颇有见地的。正因儒家重礼尚文,所以受到尚俭的墨子与明法的韩非的批评与贬斥。老子反对"美言""辩言",实与其"夫礼者,忠信之薄而乱之首"(第三十八章)的思想一致,是其反"礼"非"文"而倡"质"主张的反映。老子重"信","信"即"真",所谓"其精甚真"(第二十一章)、"质真若渝"(第四十一章)、"其德乃真"(第五十四章),一言以蔽之,曰"归真返朴"。

知识链接

【文学常识】

一、作家介绍

老子(生卒年不详,一说约公元前571—前471年),姓李名耳,字聃,一字或曰谥伯阳。或谓老子即周太史儋,或谓姓老,名聃。据《史记》记载,生于周朝春秋时期陈国苦县,今人有考证,疑为湖北郡人。道家学派的主要代表人物,是中国古代伟大的思想家、哲学家。

老子作为周室的柱下史,熟悉周礼,但其学术却针对周礼的弊端及毁坏,倡导以"道"为本的自然思想,以及以"德"为中心的"人文自然"。所著《道德经》五千言,从宇宙论伸展到人生论,又从人生论勘进于政治论。提出了"有物混成,先天地生"的宇宙本原,"有无相生"的辩证思考,"道常无为而无不为"的由自然论派生的政治观念。

二、作家评价

　　老聃曰:"知其雄,守其雌,为天下谿;知其白,守其辱,为天下谷。"人皆取先,己独取后,曰受天下之垢;人皆取实,己独取虚,无藏也故有余,岿然而有余。其行身也,徐而不费,无为也而笑巧;人皆求福,己独曲全,曰苟免于咎。以深为根,以约为纪,曰坚则毁矣,锐则挫矣。常宽容于物,不削于人,可谓至极。……古之博大真人哉。

——战国·庄周:《庄子·天下篇》

　　德者,内也;得者,外也。上德不德,言其神不淫于外也。神不淫于外则身全,身全之谓得。得者,得身也。凡德者,以无为集,以无欲成,以不思安,以不用固。为之欲之,则德无舍。德无舍则不全,用之思之则不固,不固则无功,无功则生有德,德则无德,不德则有德。故曰:"上德不德,是以有德。"

　　道者,万物之所然也,万理之所稽也。理者,成物之文也;道者,万物之所以成也。故曰:"道,理之者也。"物有理不可以相薄。物有理不可以相薄,故理之为物之制。万物各异理。

——战国·韩非:《韩非子·解老篇》

　　太史公曰:老子所贵道,虚无,因应变化于无为,故著书辞称微妙难识。庄子散道德,放论,要亦归之自然。申子卑卑,施之于名实。韩子引绳墨,切事情,明是非,其极惨礉少恩。皆原于道德之意,而老子深远矣。

——西汉·司马迁:《史记·老子韩非列传》

老子体自然而然,生乎太无之先,起乎无因,经历天地始终不可称载。终乎无终,穷乎无穷,极乎无极,故无极也。与大道而伦化,为天地而立根,布气于十方,抱道德之至淳,浩浩荡荡,不可名也。焕乎其有文章,巍巍乎其有成功,渊乎其不可量,堂堂乎为神明之宗。

——三国吴·葛玄:《老子道德经序》

子美集开诗世界,伯阳书见道根源。

——北宋·王禹偁:《日长简仲咸》

周之敝在文胜,文胜者当以质救之。不尚贤,不贵难得之货,不见可欲,清净自正,复归于朴,所以救衰周之敝也。

——清·钱大昕:《老子新解序》

老子是个朴素的自然主义者。他所关心的是如何消解人类社会的争纷,如何使人们生活幸福安宁。他所期望的是:人的行为能取法于"道"的自然性与自发性,政治权力不干涉人民的生活;消除战争的祸害;扬弃奢侈的生活;在上者引导人民返回到真诚朴质的生活形态与心境。老子哲学中的重要思想便是从这些基本的观点中引发出来的。

——陈鼓应:《误解的澄清》,《老子注译及评介》代序,中华书局1984年版

三、作品评价

老子疾伪,故称美言不信。而五千精妙,则非弃美矣。

——南朝梁·刘勰:《文心雕龙·情采》

涤除非玄风,垢心焉能歇。大矣五千鸣,特为道丧设。鉴之诚水镜,尘秽皆朗彻。

——东晋·湛方生:《诸人共讲老子诗》

文之要,本领、气象而已。本领欲其大而深,气象欲其纯而懿。《老子》曰:"言有宗。"《墨子》曰:"立辞而不明于其类,则必困矣。""宗""类"二字,于文之体用包括殆尽。

——清·刘熙载:《艺概·文概》

荆楚之地,僻处南方,故老子之书,其说杳冥而深远。及庄、列之徒承之,其旨远,其义隐,其为文也,纵而后反,寓实于虚,肆以荒唐谲怪之词,渊乎其有思,茫乎其不可测矣。屈平之文……遗尘超物,荒唐谲怪,复与庄、列相同。

——刘师培:《南北文学不同论》

《老子》第一章开宗明义就对宇宙万物的形成、发展规律与语言文辞的表达能力问题提出探讨。……老子强调了"道"的博大精深,恍惚隐约,玄妙难测,也感觉到语言文辞的表达能力有其局限性,没有力量加以概括。然而,他还是努力为"道",以至"常道"制定名称,并进行逻辑的推理和形象的描写。……《老子》中论语言文艺,着墨不多而含义丰富,时而冷静,妙机其微;时而愤激,正言若反。对它们须要仔细辨味。

——顾易生、蒋凡:《先秦两汉文学批评史》,上海古籍出版社1990年版

四、《老子》与先秦诸子散文

先秦诸子散文兴起于春秋末到战国年间,是在殷、周卜辞(甲骨卜辞与《周易》爻辞)、文诰(《尚书》)与历史散文(如《春秋左氏传》)基础上的一大发展,将散文艺术推致具有个性风采的文学境地,成为署名创作之散文成熟的标志。从文学史的进程来看,先秦诸子可划分为三个阶段:一是《论语》与《老子》,以语录体为主,话语便易而言简意赅。二是《孟子》与《庄子》,多问对述理,寓言明事,叙写渐繁,而气象纵横。三是《荀子》与《韩非子》,论述宏整,逻辑严明,是先秦散文中以"论"体优胜的典范。作为处于较早阶段的诸子散文,《老子》五千言有两点明显的特征。第一点是格言化的书写方式。因为采取格言,所以能以最简略的语言表达最深邃的思想,并以大量的成语存活于后代的文学创作中。其中突出的有"功成不居""和光同尘""上善若水""金玉满堂""知荣守辱""根深蒂固""知白守黑""大器晚成""信言不美"等。第二点是诗化的语言。这在先秦虽然为一共相,如阮元《文言说》所谓"寡其词,协其音,以文其言,使人易于记诵",但在《老子》书中,却具有协音而造词的个性化特征。所以吴曾祺《涵芬楼文谈·切响第十三》说《老子》"断非有意于用韵者也,而读其所作,谓非用韵而不可也。盖冲口而出,自为宫商"。老子语言的格言化与诗化,对后世散文乃至文学的发展的影响,也是很大的。

五、关于道家

道家是先秦时期形成的一个重要学派,在中国历史上,道家学派与儒家学派并列,占驻了学术发展史上的主流地位,并与东汉以后传入中土的佛学，构成儒、释、道三家思想。从学术的高度来审视作为本土文化的儒、道两家思想，撮发其要，其区分在以孔子为代表的儒家将自然道德化，如《易传》所称"天行健，君子以自强不息；地势坤，君子以厚德载物"；以老子为代表的道家将人生自然化，《老子》所谓"人法地，地法天，天法道，道法自然"。关于道家学术的文化渊源，班固《汉书·艺文志》的记载是："道家者流，盖出于史官，历记成败存亡祸福古今之道，然后知秉要执本，清虚以自守，卑弱以自持，此君人南面之术也。合于尧之克攘，《易》之嗛嗛，一谦而四益，此其所长也。及放者为之，则欲绝去礼学，兼弃仁义，曰独任清虚可以为治。"并列"伊尹"等三十七家。又据《庄子·天下篇》，先秦道家有三派：宋钘、尹文派，田骈、慎到派，环渊、老聃派。随着学术的变迁，宋、尹派入名家，田、慎派入法家，关尹入术家，所以后世尊奉的道家思想主要存载于老、庄两家，即《老子》(《道德经》)与《庄子》(《南华经》)书中。汉初《老子》与"黄帝书"合称，为"黄老学派"，继后因儒学独尊，道家已没有至高的地位，且与"道教"合流，已发生较大的变化。

【要点提示】

一、《老子》文本的形象化

《老子》文本的描写在先秦诸子中既简易又超脱，他以"大象无形"的表达而呈现的形象化特征，不仅用"大象"喻示"道体"，由"无象"到"实像"，而且通过虚构的人物形象来说明"道用"，具有鲜活且独特的意义。《老子》所描写的形象，有托物以言像，是为了表现无象之象的"道像"，分别用如"希、夷、微"及

"橐"等物象作拟人化的描绘。也有假托抽象性的人物进行图绘式的书写,最典型的是"善士"与"赤子",通过"强为之容"的方法来比喻含德之厚的主体形象。这里蕴含了老子论"道"以"形"明"体"的趣味,同时也为后世以"童心"为标准的艺术评论奠定了审美的基础。

二、《老子》的语言艺术特色

《老子》作为一部世人共认的经典,不仅在于思想性与学术性,同样也表现于文学性,其中最突出的就是"以反彰正"的语言策略,也就是通过采用大量的"无""不""若"等字强化语气,揭示语义,形成极具特色的"正言若反"的语言风格。老子思想的表述,最重对立关系,例如"有"与"无"、"虚"与"实"、"大"与"小"、"巧"与"拙"等,来对比说明事物的本相,阐发"道"的精神。因此,他的语言也就形成一种否定的概念簇,其中如"大象无形""大音希声""大器晚(免)成""大方无隅"等,都是典型的这类表达方式。了解老子以反彰正与正言若反的用语策略,有助于理解其自然观与人生观,以及"信言不美"的话语内涵。

三、补写出下列名句名篇中的空缺部分

(一)玄之又玄,_____。(《老子·第一章》)

(二)圣人后其身而身先,_____。(《老子·第七章》)

(三)_____。水善利万物而不争。(《老子·第八章》)

(四)譬道之在天下,_____。(《老子·第三十二章》)

(五)信言不美,_____。(《老子·第八十一章》)

答案：

（一）众妙之门

（二）外其身而身存

（三）上善若水

（四）犹川谷之于江海

（五）美言不信

【学习思考】

一、根据《老子》以反彰正的语言特点，举若干条目，如"大器晚成"等，并结合社会生活实践中的案例，作出自己的判断与分析。

二、品读《老子·第五十五章》"含德之厚，比于赤子"一则，在理解文字的基础上，分析其思想，并根据自己的体会，浅谈其中的自然内涵与审美意义。

三、搜集整理《老子》中出现的成语、格言、警句若干条，注明出处、含义，然后就其中一两则发表自己的看法，并写成小短文，与其他同学交流。

（许结 编写）